고래의 바다 한반도, 포경의 역사
－시작과 끝은 울산 장생포

고래의 바다 한반도, 포경의 역사
－시작과 끝은 울산 장생포

김광열 글.그림

신아출판사

한반도 근해 포경(선사시대~해방전)주요 연표 - NO 1

연대	주요사항	비고
선사시대	약 6,000년 전 한반도 울산 울주 반구대 암각화	고래 그림 58점
삼국시대~ 조선 초기	《삼국사기》와 《고려사》 등에서 고래 사냥의 기록이 확인됨. 주로 식량과 자원의 활용 목적으로 소규모 고래 사냥이 이루어짐.	포경 활동은 자연산 고래를 해안 근처에서 사냥하는 형태로 이루어짐.
연산군 (1476~1506) 광해군 (1575~1641)	왕조실록에 고래 언급(일성록) 정약전에 고래 언급(자산어보)	고래 관련 기술, 자본이 없었던 것으로 추정
조선 후기 (18세기)	《동국여지승람》과 같은 기록에 따르면, 고래는 지역 사회의 중요한 자원으로 사용됨.	연안에서 발견된 고래를 포획하여 기름과 뼈를 활용
1848년	미국 포경선 동해에 출현 (항해 일지에는 대왕고래, 흑동고래, 긴 수염고래가 많았다고 기록되어 있다.)	조난된 선원 구조, 청나라로 이송
1849년	프랑스 포경선 리앙쿠르호	독도 발견함
1880년	러시아 포경선 동해 불법 포경 시작	구한말 조선 바다 통제기관이 없음
1883년	조선개화와 김옥균이 관포경사 겸 동남제도 개척사에 임명 (포경의 수익성을 알고 있으나 기술, 자본부족)	고종 20년
1894년	러시아 백작 케이 제롤링 한반도 동해 포경장 설립	1월부터 5월 하순 (고래 54마리 포획)
1899년	러시아 대한제국에 포경어업 합법적 권리 취득	조선정부정식허가
1900년	일본이 한국 정부로부터 포경업 특허권 취득	일본원양어업(주) 고래잡이 시작
1904년	만주와 한국 지배권 놓고 전쟁	러·일전쟁
1905년	러일전쟁(1904~1905)에서 승리한 일본은 러시아가 세운 한반도의 포경기지, 포경어업권을 접수	한반도의 포경 일본 독점
1910년	한일합방으로 한반도 고래의 수난시대가 시작	
1915년~ 1925년	포경기지 동해에 이어 서 남해까지 확장함	
1945년	8.15 해방으로 일본인 모두 본국으로 돌아감	한국인 자력으로 포경업 시작됨

한반도 근해 포경(1945~1985)주요 연표-NO2

연대	주요사항	비고
1946년	일본 포경선 2척을 한국에 들여옴으로써 조선포경(주) 설립하게 됨	우리자본, 기술로 근대포경 시작
1946년	국제 포경 위원회(IWC) 설립됨	미국 워싱턴 DC
1947년	대동포경, 동양포경, 대양포경 등 고래잡이 회사가 추가 설립되고 1950년대 초 포경선이 늘어남	약 19척에 달함
1952년	6.25 전쟁으로 잠시 중단된 포경업 재개됨	
1955년	동해안을 중심으로 포항, 구룡포, 방어진, 장생포 등 한반도 근해 포경이 활발하게 조업함	
1961년	고래잡이 발전을 촉진하기 위한 한국 포경어업 수산조합 설립과 고사동 고래처리장 준공	근해 포경수산업 협동조합으로 개칭
1965년	한일 양국 간의 한일어업 협정 발효	고래자원 활로개척
1966년	90톤급에 디젤 엔진을 장착한 포경선 등장으로 고래잡이 전성기를 맞는다.	개조된 철선 포경선 등장
1969년	3척의 철선 포경선이 한꺼번에 등장함 (동방호-최초정식 포경선)	동방수산(주)
1978년	한국 국제 포경위원회 규제조약에 가입	IWC회원국이 됨
1981년	IWC가 설립한 블록 쿼터로 포획량 감소	설정된 수만 포획
1982년	영국 브라이트 제34차 총회에서 상업포경금지(안)이 통과됨	1986년 시행
1985년	10월 31일 대한민국 상업포경이 끝나던 날이며 장생포항에 집결한 포경선은 출어를 시도했지만 늦은 태풍으로 출어 포기	일부는 출어했지만 끝내 고래를 만나지 못했다.
1986.1.1	IWC 결정으로 고래잡이가 전면 중단	한반도 포경역사 그 막을 내리다

머리말

　한반도 바다는 고래가 뛰어놀던 바다였다. 한류와 난류가 교차하는 해역이라 먹이가 풍부하여 많은 고래가 서식했다. 인간 포경사는 고래의 눈물 역사이기도 하다. 한반도의 고래잡이 역사는 선사시대까지 거슬러 올라가며, 우리 민족의 오랜 생활문화와 밀접하게 연결되어 있다. 그 증거 중 하나가 울산 울주에 있는 반구대 암각화이다. 암각화에는 총 289점의 그림이 새겨져 있으며, 이 중 58점이 고래를 묘사하고 있다. 이는 한반도에서 고래잡이가 선사시대부터 이루어졌음을 보여주는 중요한 증거이다.

　반구대 암각화는 동해로부터 내륙으로 이어지는 울산만의 자연환경 속에 자리 잡고 있다. 이 지역은 고래 회유의 주요 경로였던 천연기념물 귀신고래 회유해면과도 연결된다. 또한, 영남 알프스의 산자락에서 시작된 물길은 울산의 장생포에 닿아 한반도 포경 역사의 중심지가 되었다.

　이러한 지리적, 문화적 요소들이 결합한 장생포와 울산만의 만남은 우연이 아닌 필연으로 여겨진다. 이는 단순히 고래잡이를 넘어 한반도 고래 문화와 역사를 만들어온 중요한 배경이 되었다.

울산 박물관에 있는 반구대 암각화 모형

선사시대 이후 삼국시대부터 조선시대까지 이어진 많은 고래에 대한 기록이 있다. 이 기록들은 고래가 단순한 해양생물이 아니라 한반도의 역사와 문화에서 중요한 위치를 차지했음을 증명한다. 고래는 경제적, 문화적, 그리고 신앙적 의미를 지닌 존재로서 한반도 사람들의 삶과 밀접하게 연결되어 있었다.

한반도의 근대 포경역사는 19세기 중반, 미국 포경선이 동해에 처음 모습을 드러내면서 시작되었다. 이후 러시아와 일본의 포경선이 동해를 장악하며 한반도 영해를 그들의 조업지로 사용했다. 특히 일제강점기에는 무분별한 고래 포획으로 인해 개체 수가 급격히 감소했다.

광복 후, 대한민국은 초기의 어려움을 극복하며 1960~70년대 포경의 전성기를 맞이했지만, 지나친 포획으로 일부 고래 종이 멸종 위기에 처하게 되었다. 결국 1986년 국제포경위원회(IWC)의 결정에 따라 상업 포경이 전면 금지되면서, 대한민국의 포경역사는 새로운 국면을 맞이했다.

포경의 중심지였던 울산 장생포는 이제 고래를 잡는 대신, 고래문화를 보존하고 연구하는 곳으로 변모했다. 이곳에는 국내 유일의 고래연구센터와 고래박물관이 자리하고 있으며, 이를 기반으로 고래와 관련된 다양한 인프라가 구축되었다. 현재 장생포는 고래문화특구로 지정되어 많은 관광객이 방문하는 명소가 되었다. 이는 지역 자치단체와 주민의 노력 덕분에 이루어진 결실이다.

이 책을 기획한 것은 고래 포경의 역사를 다룬 책이 흔하지 않다는 것이다. 학술적인 면에서 다루어지기도 했지만, 고래와 관련된 지역 문화와 고래와 함께 살아간 선원 및 지역의 스토리를 다룬 책은 전무하다는 것이다.

이 지점이 고래 마을에서 자란 필자가 이 책을 기획하게 된 동기가 되었다. 이 책은 한반도 포경의 발자취와 그 의미를 다섯 개의 장으로 구성하여 상세히 다룬다. 1장 한반도 포경역사의 발자취에서는 선사시대부터 현대까지의 포경역사를 개괄했다. 2장 포경선의 조업 방법과 고래 잔혹사에서는 포경선의 조업 방식과 고래를 잡은 현황 등을 소개했다. 3장 고래 쫓던 포경선과 포획된 고래 해체작업에서는 고래 발견, 포획, 입항 및 해체 과정을 다루었고 4장 포경선 선원들의 삶과 현장 이야기에서는 선원들의 일상과 그들이 겪은 고충을 담았다. 5장 포경 금지 이후 변화된 장생포에서는 포경 금지 이후 장생포의 새로운 역할과 변화를 조명했다.

이 책을 통해 한반도의 포경역사를 기록하고 이를 통해 고래문화특구의 가치를 알리는 데 기여하고자 한다. 고래를 둘러싼 역사와 문화를 보존하고 연구하는 일은 단순히 지역적 의의를 넘어 대한민국 전체에 사회적, 문화적으로 중요한 의미를 지닌다.

현재 포경선을 탔던 사람들은 얼마 남지 않았다. 그리고 그들의 나이도 거의 모두 팔순을 넘었다. 그들은 한반도 포경사에서 실제 일을 한 중요한 사람들이다. 기록하지 않으면 연기처럼 사라진다. 누군가는 그들을 인터뷰하여 그 시대의 일을 기록해야 역사가 된다고 생각했다. 기록의 방법에는 학문적 관점 등 여러 가지가 있겠으나 본고에서는 그들의 경험을 위주로 서술했음을 밝힌다.

이 책이 한반도 포경역사 연구와 고래 문화 발전에 조금이나마 도움이 되기를 바라며, 이를 통해 더 많은 이들이 고래와 함께한 우리의 역사를 이해하고 소중히 여길 수 있기를 기대한다. 그리고 동화나 소설 등 문학작품이나 고래와 관련된 새로운 컨텐츠의 자료로 쓰이기를 바라는 마음도 크다.

고래는 지구에서 가장 큰 동물이며, 아이들에게도 친숙한 동물이다. 그런 고래가 뛰놀던 한반도 바다는 우리의 자부심이며, 보호해야할 유산이다. 그리고 앞으로도 고래가 인간의 친구로 지구에서 함께 숨쉬며 살아가기를 바란다.

2025년 6월
김 광 열

목차

004 한반도 근해 포경(선사시대~해방전)주요 연표
005 한반도 근해 포경(1945~1985)주요 연표

006 머리말

제1장 한반도 고래의 역사
014 선사시대 고래잡이 모습을 담은 반구대 암각화
017 삼국시대, 기록으로 본 고래
020 고려시대 문헌에 나타난 고래와 그 의미
023 조선시대의 고래와 기록
028 근대포경 시작, 1840년대부터 일제강점기 이전 한반도 포경
033 일제강점기 시절의 한반도 포경
039 해방 후 한반도 포경업-1.장생포
049 해방 후 한반도 포경업-2.방어진
055 해방 후 한반도 포경업-3.포항과 구룡포
060 해방 후 한반도 포경업-4.흑산도와 대청도
066 로이체프먼 앤드류스와 귀신고래

제2장 포경선의 조업방법과 고래 잔혹사

078   엔진과 포경 작살포 이야기
087   포경선의 조업 방법 및 실태
091   근해에서 조업했던 포경선 이름을 찾아서
098   고래 종류와 특성
107   고래 잔혹사

제3장 고래 쫓던 포경선과 포획된 고래 해체작업

116   포경선의 출항과 입항
122   고래의 발견, 추격과 포획
131   만선 깃발 달고 입항하는 포경선
141   고래 해체장소와 해체용 도구
150   고래고기의 12가지 맛
155   해체된 고래고기 선원들에게 한몫씩 나누어주다
159   선술집과 골목길 그리고 시장통에서 만난 고래고기

제4장 포경선 선원 삶의 현장 이야기

- 168   포경선의 최고등급 포수를 스카우트하라
- 180   선장과 기관장의 이야기
- 188   갑판장과 3등 세라 선원
- 193   해부장과 화장의 삶 이야기
- 196   포경선의 고동소리
- 200   보상금을 청구하던 포경선원

제5장 상업 포경 금지 후 장생포 고래문화 특구

- 208   밧줄에 묶은 포경선과 IWC 총회
- 215   포경 금지 이후 울산 장생포 고래고기 집 이야기
- 222   장생포 고래박물관과 고래연구센터
- 227   고래바다 여행선과 고래생태 체험관
- 234   고래문화마을과 모노레일 관광객
- 241   장생포 고래축제와 고래문화재단
- 247   고래문화특구와 퇴역 울산함

- 252   끝맺는 말

제1장 한반도 고래의 역사

선사시대 고래잡이 모습을 담은 반구대 암각화

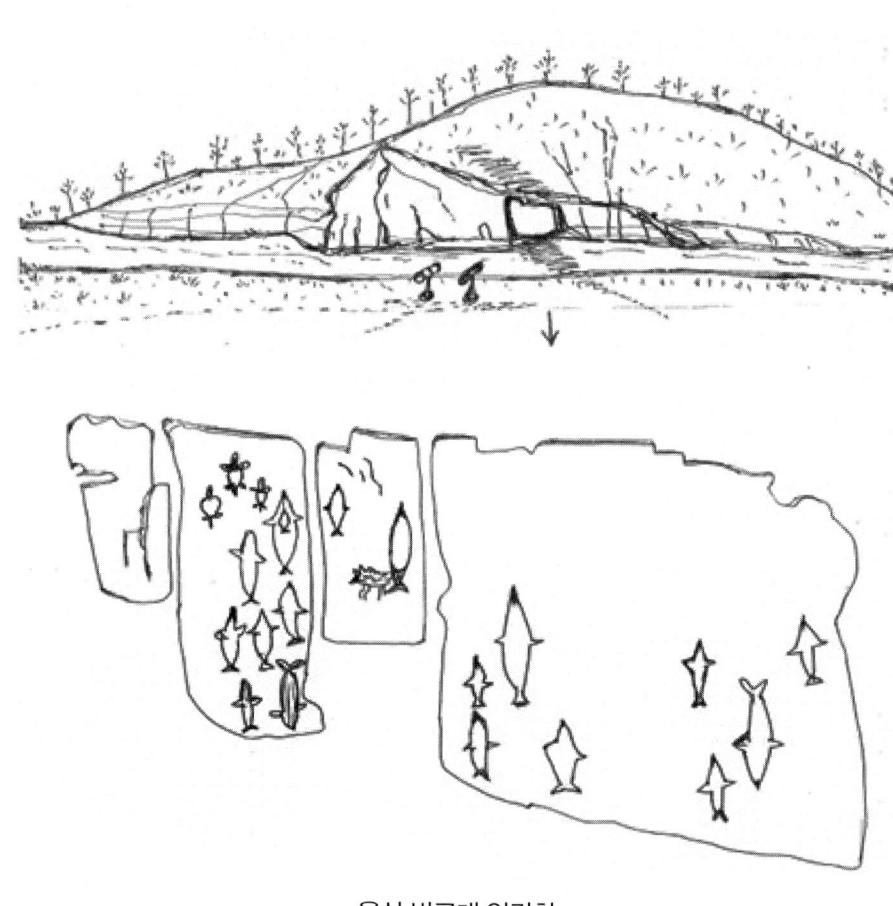

울산 반구대 암각화

한반도에서 고래잡이가 언제 시작되었는지에 대한 정확한 기록은 없지만, 최소한의 단서는 고고학적 발견을 통해 알 수 있다. 그 증거 중 하나가 바로 반구대 암각화이다. 이 암각화는 세계에서 가장 오래된 고래사냥 그림으로, 약 6,000년 전 선사시대의 모습을 생생히 전하고 있다.

반구대 암각화는 울산광역시 울주군 대곡천 일대, KTX 울산역에서 자동차로 약 25분 거리에 있다. 멀리서 보면 단순한 바위벽처럼 보이지만, 가까이 다가가거나 강가에 설치된 망원경을 통해 바라보면 선사시대 사람들이 새겨놓은 다양한 동물과 사냥 장면들이 그 모습을 드러낸다.

반구대 암각화는 1971년에 발견되었는데, 발견의 계기는 1년 전인 1970년 천전리 각석이 세상에 알려지면서부터 시작되었다. 천전리 각석 발견 이후, 주변 지역에 대한 추가 조사가 이루어졌고, 그 과정에서 대곡리에서 296여 점의 그림이 새겨진 암각화가 발견된 것이다. 이 암각화는 이후 국보 제285호로 지정되며, 학계와 대중의 이목을 집중시켰다.

반구대 암각화의 주요 특징 중 하나는 고래사냥 장면이다. 암각화에는 선사시대 사람들이 고래를 사냥하는 모습이 정교하게 묘사되어 있다. 그림 속에는 다양한 고래의 모습이 새겨져 있으며, 귀신고래, 혹등고래, 참고래로 추정되는 고래들이 확인된다.

고래사냥 장면은 단순한 그림을 넘어 당시의 사냥 방법과 사회적 구조를 보여준다. 예를 들어, 사람들은 배를 타고 작살을 사용하여 고래를 사냥하는 모습이 있는데, 이는 선사시대에 이미 정교한 포경기술이 존재했음을 증명한다.

　암각화는 단순히 고래만을 묘사한 것이 아니다. 호랑이, 사슴, 거북이, 물고기 등 다양한 동물들이 등장하며, 이는 선사시대 사람들이 주변 환경과 밀접한 관계를 맺고 살아간 생활상을 보여주는 것이다.

　반구대 암각화는 발견 당시 세계적으로 큰 반향을 일으켰다. 약 6,000년 전에 인류가 고래를 사냥했다는 사실은 고대 인류의 삶과 기술에 대한 새로운 통찰을 갖게 했으며, 이는 단순한 그림을 넘어, 한반도와 고래의 인연을 한눈에 보여주는 증거가 되었다.

　반구대 암각화는 세계에서 가장 오래된 사냥 그림 중 하나로 인정받으며, 선사시대 인류의 포경기술을 학문적으로 입증하는 자료가 되었다. 또한, 한반도 사람과 고래의 오랜 관계를 증명하는 동시에, 고래잡이가 단순한 생계 활동을 넘어 문화와 기술 발전의 한 축을 이루었음을 보여준다.

삼국시대, 기록으로 본 고래

삼국시대에는 고래와 관련된 여러 문헌 기록이 남아 있다. 이 기록들은 고래가 단순한 해양 동물이 아니라, 삼국시대 사람들의 삶과 경제, 문화에서 중요한 역할을 했음을 보여준다. 고래는 삼국의 해안 지역에서 주요 자원으로 활용되었으며, 종종 신앙적 또는 사회적 맥락에서도 등장한다.

1) 삼국사기

삼국사기(三國史記)에는 고래에 대한 여러 기록이 간접적으로 실려있다. 신라의 경우, 동해안 지역이 중심이 되는 해상활동 기록에서 고래잡이가 이루어졌음을 암시하는 내용이 있다. 그 기록에 따르면 고래의 부산물, 특히 고래기름은 등불을 밝히는 데 사용되었다. 이는 고래가 단순한 식량 자원을 넘어 일상생활에서도 중요한 자원으로 여겨졌음을 보여준다.

2) 삼국유사

삼국유사(三國遺事)에는 고래와 관련된 설화나 민담이 기록되어 있다. 고래는 바다의 거대한 존재로 묘사되며, 종종 바다를 다스리는 신적인 존재와 연관되었다. 고래와 관련된 이야기들은 삼국시대 사람들에게 고래가 단순한 동물이 아니라, 신성한 존재로 인식되었음을 나타낸다.

-연오랑과 세오녀(延烏郎 細烏女) 이야기

삼국유사 제2권 "기이(紀異)" 편에 실린 이야기로, 신라의 연오랑과 세오녀 부부의 이야기에 고래가 등장한다. 어느 날 연오랑이 바닷가에서 일을 하다가 갑자기 고래 등에 실려 바다 건너 일본으로 가게 된다. 연오랑은 일본에서 왕이 되었고, 그의 아내 세오녀는 남편을 찾아 나서다 고래를 타고 일본으로 갔다. 신라에서는 해와 달이 어두워지자 이를 연오랑과 세오녀가 떠난 탓으로 여겨, 두 사람에게 신라의 국서를 보냈고, 그들이 신라를 위해 기도를 올린 뒤 해와 달이 다시 밝아졌다는 내용이다.

3) 고구려 벽화와 고래의 묘사

문헌뿐만 아니라, 고구려의 벽화에서도 고래와 관련된 내용을 확인할 수 있다. 고구려 고분벽화 중 강서대묘와 같은 해양과 자연을 묘사한 장면에서 고래로 추정되는 생물의 형상이 등장한다. 이는 고구려인들이 해양 자원을 적극적으로 이용했으며, 고래가 당시 해양 생활의 일부였음을 보여준다.

4) 백제와 해양 교역

백제는 삼국 중 가장 활발하게 해양 교역을 했던 나라로 알려져 있다. 백제는 일본과 중국 남부 지방과 교류하며 해양 자원을 교역품으로 사용했다는 기록이 있다. 이 과정에서 고래와 같은 해양생물의 부산물이 교역품으로 사용되었을 가능성이 크다.

이처럼 삼국시대의 문헌과 유물에 나타난 고래와 관련된 내용은 다음과 같은 의미를 지닌다. 첫째, 경제적 자원이다. 고래고기와 고래기름은 삼국시대 사람들에게 중요한 자원으로, 생계와 생활필수품이었다. 둘째, 신앙과 문화적 상징이다. 고래는 종종 신성한 존재나 자연의 위대함을 상징하는 존재로 묘사되었다. 이는 삼국시대의 사람들이 고래를 단순히 사냥 대상으로만 보지 않았음을 의미한다. 셋째, 해양 활동의 증거이다. 고래와 관련된 기록과 유물은 삼국시대 해안 지역 사람들이 해양 자원을 적극적으로 이용했음을 보여준다.

삼국시대의 문헌 기록과 유물들은 고래가 당대의 경제, 문화, 신앙에서 중요한 역할을 했음을 입증한다.

고려시대 문헌에 나타난 고래와 그 의미

고려시대는 해양 활동과 교역이 활발했던 시기로, 고래와 관련된 다양한 문헌 기록이 남아 있다.

1) 고려사(高麗史)

고려사는 고려시대의 전반적인 역사와 사회적 상황을 담고 있는 주요 문헌으로, 고래에 관한 간접적인 언급이 다수 등장한다. 고려사에 따르면 고래기름은 등잔 기름으로 널리 사용되었으며, 특히 귀족과 왕실의 생활에서 필수적인 자원으로 여겨졌다. 고래기름은 밝은 빛을 내는 연료로써 높은 가치를 지녔다. 그리고 동해안 및 남해안 지역에서 고래잡이가 활발히 이루어졌으며, 이를 통해 해안 지역의 경제가 크게 발전했다는 기록이 있다.

2) 고려사절요(高麗史節要)

고려사절요는 고려시대의 사건을 간략히 정리한 문헌으로, 해양 자원 이용과 관련된 내용에서 고래와 연관된 기록이 나타난다. 고래를 포함한 해양 자원들이 국가의 세수(稅收)와 교역품으로 활용되었다. 특히, 고래 부산물은 무역품으로도 가치가 높았다.

3) 문집과 기록물 속의 고래

고려시대의 문인들이 남긴 문집과 시에서도 고래와 관련된 묘사가 등장한다. 고래는 종종 바다의 위대한 존재로 묘사되며, 자연의 경외감을 상징하는 문학적 소재로 사용되었다. 고려시대의 선비들은 고래를 해양의 힘과 위엄을 상징하는 존재로 여겼으며, 이를 시나 글에서 표현했다.

4) 고려시대의 해양 교역과 고래

고려는 송나라, 일본, 아라비아 상인들과 활발히 교역했으며, 이 과정에서 고래와 관련된 부산물이 중요한 교역품으로 사용되었다. 고래고기는 귀한 식재료로 국내 소비뿐 아니라 교역을 통해 외국으로 수출되었다. 고래 뼈는 장식품이나 도구의 재료로 사용되었을 가능성이 크다. 해외에서도 고래기름은 고가의 상품으로 취급되었으며, 송나라나 일본으로 수출된 기록이 있다.

5) 고려 불교와 고래

고려시대는 불교가 융성했던 시기로, 고래는 종종 불교 의식에서 등장하거나 상징적 의미를 지녔다. 고래는 바다에서 가장 큰 생물로, 생명의 순환과 자연의 신비를 상징하는 존재로 여겨졌다. 특히 고래기름은 사찰에서 등불을 밝히는 데 사용되었다. 이는 불교 의식에서 고래기름이 신성한 용도로 사용되었음을 의미한다.

조선시대의 고래와 기록

조선시대는 성리학을 바탕으로 농경 사회가 중심이 되었지만, 해양 활동과 자원 활용도 중요한 부분을 차지했다. 이 시기의 문헌과 기록에서는 고래와 관련된 다양한 정보가 등장한다.

1) 조선왕조실록

조선왕조실록에는 고래와 관련된 다양한 기록이 나타난다. 조선 후기의 기록에 따르면, 해안 지역에서 고래를 포획하거나 고래 사체가 떠밀려온 경우, 이를 관아에 보고하도록 규정되어 있었다. 고래는 중요한 자원이었기 때문에 국가에서 이를 관리하고자 했다. 고래고기나 기름은 왕실이나 사대부들에게 귀한 자원으로 여겨졌으며, 특히 고래기름은 등불을 밝히는 데 사용되었다.

2) 경국대전과 속대전

조선의 법전인 경국대전과 속대전에도 고래와 관련된 법적 규정이 일부 포함되어 있다. 고래와 같은 해양 자원의 관리와 세금 징수에 관한 규정이 있었으며, 이는 고래가 국가 경제의 일부로 인식되었음을 보여준다. 특히, 관청에서 고래를 직접 관리하거나 포획된 고래의 부산물을 공적으로 사용하도록 명시된 경우가 있다.

3) 동국여지승람

조선시대 지리지인 동국여지승람에서는 해안 지역의 주요 자원으로 고래가 언급된다. 고래는 주로 동해안과 남해안에서 포획되었으며, 이 지역 주민들에게 중요한 생계 수단이었다. 일부 지역에서는 고래잡이가 마을 단위의 협업으로 이루어졌다는 기록도 있다.

4) 고래와 의학서적

조선시대 의학서적인 동의보감에도 고래와 관련된 내용이 일부 등장한다. 고래기름과 뼈는 약재로 사용되었으며, 특히 피부 질환이나 관절 질환 치료에 활용되었다는 기록이 있다. 이는 고래가 단순한 식용 자원뿐만 아니라 의료적 자원으로도 중요하게 여겨졌음을 나타낸다.

5) 성호사설(星湖僿說)

조선 후기 실학자 이익이 저술한 백과사전적 문헌으로, 고래에 관한 언급이 등장한다. 고래는 "바다의 거대 생물"로 묘사되며, 사람들에게 경외감을 불러일으키는 존재로 기록되었다. 고래의 크기와 움직임, 그리고 그 고기를 활용하는 방법 등이 설명되어 있다. 특히, 고래기름의 용도와 포획 과정에 대한 짤막한 언급도 포함되어 있다.

6) 산림경제(山林經濟)

홍만선이 저술한 농업과 생활에 관한 백과사전인 이 문헌에도 고래와 관련된 내용이 일부 언급된다. 고래기름은 등잔용 연료로 사용되었으며, 이를 생산하기 위해 고래잡이가 이루어졌다는 기록이 있다. 고래 부산물의 가공 및 활용 방법에 대해 구체적인 설명은 없지만, 당시 농촌 경제에서 해양 자원 일부로 다뤄졌음을 알 수 있다.

7) 동국통감(東國通鑑)

역사적 사건을 기록한 문헌인 동국통감에는 조선 초기부터 중기에 이르기까지 고래와 관련된 사건이 포함되어 있다. 고래 사체가 해안으로 떠밀려와 국가에 보고된 사례가 기록되어 있다.

8) 연려실기술(燃藜室記述)

이긍익의 역사서로, 조선시대의 사회적, 경제적 현황을 담고 있다. 고래잡이에 관한 언급은 없지만, 해양 자원을 활용한 생활 방식에서 고래기름의 사용이 자연스럽게 포함된다. 특히, 조선 후기 해안 지역의 생활상을 묘사한 부분에서 고래가 중요한 생계 자원이었음을 알 수 있다.

9) 난중일기(亂中日記)

이순신 장군이 기록한 난중일기에도 고래에 대한 간접적인 언급이 등장한다. 해상에서 고래를 목격한 기록이 포함되어 있으며, 당시 군사 작전 중 바다에서 관찰된 고래에 대한 묘사가 있다.

10) 지봉유설(芝峰類說)

조선 후기 이수광이 저술한 백과사전적 문헌으로, 자연과 동물에 대한 다양한 기록이 담겨 있다. 고래의 생태와 그 특징에 대한 간략한 언급이 포함되어 있다. 고래를 해양생물의 한 종류로 분류하면서도, 사람들에게 실질적인 자원으로 활용되었음을 암시한다.

11) 승정원일기(承政院日記)

조선 왕조의 일상적 기록을 담은 승정원일기에도 고래에 대한 간접적인 언급이 있다. 주로 고래 사체가 떠밀려오거나 고래가 해안에서 발견된 사례가 보고된 기록이다.

12) 조선 시대 고래의 의의

첫째, 경제적 자원으로 고래고기와 고래기름은 귀중한 자원으로 활용되었다는 것을 알 수 있다. 고래기름은 등불을 밝히거나 의약품으로 사용되었고, 고래고기는 지방 주민들의 주요 식량원이 되었다.

둘째, 국가 차원에서 고래와 같은 해양 자원을 관리하려는 움직임이 나타났다. 이는 조선 시대 경제에서 고래의 중요성을 보여준다.

셋째, 고래는 문학과 예술에서 바다의 풍요와 위엄을 상징하는 존재로 자주 묘사되었다.

넷째, 신앙과 의식 측면에서 고래는 바다에서 신성한 존재로 여겨지기도 했으며, 어부들 사이에서는 고래를 존중하는 신앙적 관습이 존재했다.

이러한 기록들은 우리 민족의 한반도의 해양 활동과 자원 활용의 역사를 이해하는 데 중요한 자료로 평가된다.

근대포경 시작, 1840년대부터 일제강점기 이전 한반도 포경

러시아 포경선

■ 한반도에 온 포경선 주요사항

① 1848년 - 미국 포경선이 동해에 출현해 기록한 항해일지에는 대왕, 긴수염, 혹등고래가 많았다고 기록되어있다. 미국은 32년간 한반도의 대형고래들을 무참히 포획했다.

②1849년 - 프랑스 포경선 리앙쿠르호가 독도를 발견한다.

③1880년 - 러시아 포경선 동해에서 불법 포경 시작, 조선 정부는 당시 바다 관리 통제기관이 없었다.

④1883년 - 조선 개화파 김옥균이 관포경사와 〈동남제도 개척사〉라는 직함이 있었다. 포경의 유익성을 알고 있었지만 자본, 기술 부족으로 시행 못 했다.(고종 20년)

⑤1890년 - 일본 포경선이 한반도 동해 출현 불법 포경을 시작했다.

⑥1894년 - 러시아 백작 케이 제롤링이 한반도에 포경장을 설립해 임대했다.

⑦1899년 - 러시아, 대한제국에 포경어업 합법적 권리 획득, 일본도 3척의 포경선으로 고래잡이를 시작했으며 1900년에 대한제국의 승인을 받아 합법적으로 포경을 시작했다.

⑧1904~1905년 - 러·일 전쟁에서 일본이 승리하므로 러시아인이 경영하던 포경기지, 포경어업권을 일본이 압수하여 차지했다.

⑨1906년 - 한반도의 포경업을 일본이 독점했다. 한반도 근해에

서 노르웨이 포경선이 조업하고 고래를 포획하기도 했다.

한반도 근대포경은 1848년 미국 포경선이 동해에 처음 출현하면서부터 시작되었다고 할 수 있다. 수십 척의 배가 동해로 들어와서 주로 긴수염고래를 잡았으며 이 중에는 프랑스, 독일, 포경선도 한두 척씩 끼어 있었다. 미국 포경선단은 1880년까지 약 32년간 동해에서 무차별로 고래를 포획했으며, 그들의 항해일지에는 대왕고래, 참고래, 혹등고래가 많았다고 기록되어 있다.

미국 다음으로 한반도 바다에 들어온 나라는 러시아다. 러시아는 1880년대 초부터 동해안에서 포경어업을 불법으로 시작하다 1894년 케이 제믈링 백작이 포경장을 설립했다. 그리고 같은 해 1월부터 5월 하순까지 54마리의 고래를 잡았다.

이후 러시아는 점차 포경권을 확장하였는데 조선 근해에서의 포경권을 독점할 목적으로 조선 정부와 교섭을 벌여 나갔다. 그 결과 케이 제믈링 백작은 한반도 동해안의 울산, 성진, 진보 등의 어장을 계약하여 확보했다.

계약조건은 일방적으로 러시아에 유리한 것이었다. 포경권을 획득한 러시아는 일본의 도전을 받기는 하였으나 상당한 수확을 올린 것으로 보인다. 그 어획량에 대한 기록은 알려지지 않았지만, 러시아인 경영의 태평양 포경회사가 동해안에서 매년 15만 원~25만 원의 어획량을 올렸다는 점을 참조하면 케이 제믈링 백작의 수익도 그에 준했을 것으로 보인다.

비슷한 시기 1884년 4월 16일 자 북중국의 헤럴드 신문 기사에 의하면 한반도 연해에는 해안가에서도 쉽게 볼 정도로 많은 수의 고래가 살고 있으며 매월 50마리는 잡을 수 있다고 적혀있다. 무동력의 작은 어선으로도 손쉽게 고래를 잡을 수 있다는 기사도 눈에 띈다.

일본은 1890년 부산에서 최초로 조선 고래 포획어업 조합을 설립했다. 22척의 고래잡이 보트와 256명의 어부가 매일 새벽 여명에 부산 연안 바다에 나가서 고래잡이를 하다가 해가 떨어지면 귀항하는 당일 고래잡이로 4개월 만에 17마리의 고래를 잡아 해체하고 고래 부산물은 일본으로 가져가 약 일만 달러라는 고액을 벌어들였다.

계속해서 러시아는 동해에서 포경을 위해 1899년 3월 당시 조선 정부와 포경기지 조약을 맺고 이 조약으로 울산의 장생포와 북한지역의 장전항 그리고 경상북도 포항이 러시아 포경선의 전진 기지가 된다.

당시 러시아가 사용한 포경법은 미국식과 구별되는 노르웨이식으로 포경선 뱃머리에 장착된 포를 쏘아 고래를 맞춰 잡는 방식이다. 노르웨이식은 미국과 달리 죽은 뒤 물 위에 뜨는 고래, 가라앉는 고래도 잡을 수 있다. 큰고래, 작은 고래 종류와 관계없이 씨가 마르게 하는 방식이다.

일본도 1899년 노르웨이식 포경법을 채용하면서 동해지역에서 러시아와 경쟁하게 된다. 러시아와 일본이 군사적으로 서로 견제하면서 결국 러일전쟁이 일어나게 되고 양국의 치열한 전쟁은 일본의 승리로 마무리되면서 일본은 동해에서 상업적 포경을 독식하게 된다.

일제강점기 시절의 한반도 포경

①1910~1925년 - 한반도 전역에 포경기지를 건립하고 동해에 이어 서남해까지 확장했다. 그때 건립된 기지는 울산 장생포와 제주 서귀포 전남 흑산도, 전북 군산 어청도, 황해 대청도 등 6곳이다.

②1945년 - 8·15 광복으로 일본인 모두 본국으로 돌아갔다.

한반도 포경을 독점한 일본의 포경회사인 동양포경(주)은 장생포, 서귀포, 흑산도, 어청도 등 6곳에 포경기지를 세웠다. 그중에서 울산 장생포 기지가 전체 포획량의 60% 이상을 담당할 만큼 가장 규모가 컸다. 인구 300명의 작은 어촌마을 장생포는 인구 1,000명 내외가 북적거리는 항구로 변모했다.

1917년 당시 인구 통계를 보면 한국인이 498명 일본인 407명 노르웨이인 2명이 거주하는 것으로 나온다. 두 사람의 노르웨이인은 포경선의 포수였을 것이다.

노르웨이식 포경을 접한 일본은 거금을 들여 노르웨이 포경선을 주문하고 노르웨이 포수를 잇달아 고용했다. 노르웨이는 일제강점기가 되기 직전 1905년 노르웨이 포경회사가 한반도 근해에서 211마리의 고래를 잡기도 하였다. 고래 중 가장 큰 것은 길이가 21m에 달했다는 기록이 있다.

이후 일본은 한반도 동해에서 고래가 귀해지고 어획량이 감소하게 되자 서남해 쪽으로 기지를 확장해 나갔다. 대표적인 기지는 서귀포, 흑산도, 어청도, 대청도이다.

먼저, 서귀포를 살펴보면 다음과 같다. 서귀포에는 작은 배를 이용한 어로작업이나 해녀들의 해산물 채취가 수산업의 전부였는데, 고래잡이를 전문으로 하는 포경회사가 들어오고 1926년 서귀포항 동편과 서편에 방파제가 완성된 후 1936년 6월 고래잡이를 위한 잔교가 가설되고 이 다리로 석탄과 해체된 고래를 하역했다고 한다. 잡은 고래는 가공을 통해 전량 일본 오사카 등으로 반출되었으며 정작 서귀포 사람은 고래고기를 맛볼 기회가 없었다.

1931년 제주 서귀포를 여행한 일본 학자 아키바다카시는 당시 서귀포항 포경선 입항 풍경을 다음과 같이 표현했다.

[저녁 무렵 서귀포에 도착하여 여관에 자리를 잡고 달 밝은 밤에 잠시 산책하고 잠자리에 들었을 때, 포경선이 입항했다고 여관 종업원이 깨우는 바람에 주인의 안내로 구경을 나갔다. 작은 산과 같은 괴물 두 마리가 바다로부터 끌어올려졌다. 장도(長刀)를 손에 든

해부사 어부들에게 둘러싸여 고래기름을 태우는 화롯불에 비추어졌다. 순식간에 고래 등이 쪼개지고 배가 갈라지면서 암적색의 피를 뿜어대는 광경은 용맹스러운 광경이기도 하지만 한편으로는 미적지근한 생피의 냄새가 코를 찔러 좋은 기분이 아니었다라고 적고 있다

그 장면은 해가 질 무렵 조업을 마치고 서너 시간의 항해 끝에 서귀포항에 입항해 포획한 고래를 바로 해체하는 장면으로 추정할 수 있다. 당시 서귀포는 금융조합, 경찰관주재소, 우체국 등이 있고, 조그마한 상가가 늘어져 있어 제법 마을의 모습을 하고 있었다.

인구가 1,000명 이상은 될 것 같다고 적고 있다. 제주도 근해에서는 제주 서귀면 서홍리에 있는 일본 수산 포경사무소 소유의 4척의 포경선이 10월 한 달 동안에 44두라는 놀랄 만큼 많은 고래를 잡았다고 1937년 11월 12일 자 조선일보가 알렸다. 또 다른 언론인 매일신보는 연일 부두에 포경선의 우렁찬 기적이 그칠 새 없고 씩씩한 어부들의 활기를 볼 수 있으며 제주도 수산계에 쾌보라고 보도했다. 이것 역시 1937년 11월 중순경이다

이처럼 일제강점기 서귀포 바다에는 물 반 고래 반이었지만 포경은 일본 포경회사의 독점사업이었고 조선인은 단순노동 등 잡일에 종사했다. 뿐만 아니라 고래 해체가 있는 날이면 바다가 벌겋게 물들고 피비린내가 진동했다고 당시 서귀포 해녀들은 말했다.

다음은 흑산도 포경기지 이야기다. 일제가 1911년 6월 어업령을

공포한 뒤 한반도 근해 고래잡이는 총독부의 허가를 받아야만 가능했다. 1939년 기준 총독부가 허가한 한반도의 포경 근거지는 울산 장생포, 제주 서귀포, 전남 흑산도, 서해 대청도였다. 그만큼 서, 남해 흑산 바다에 고래가 많았다는 이야기다. 대한민국 전남 신안군 흑산면에 있는 흑산도는 목포에서 남서쪽으로 93km 떨어져 있는 섬이다. 흑산도 근해는 수온과 수심이 적당하고 조기, 멸치, 새우, 청어 등의 먹이가 풍부한 대형고래의 산란장이었다.

흑산도를 근거지로 둔 포경선들은 지금 대공원이 있는 지역에 고래 해체장을 설치하고 작업을 했으며, 흑산도 상주 일본인의 감시하에 작업이 이뤄지던 작업장에는 뼈가공팀, 껍질가공팀, 고래기름 가공팀, 고래수염가공팀 등이 있었다. 조선인 노동자들은 노임을 고래고기로 받기도 했다. 노임으로 받은 고래고기를 주로 목포로 나가 쌀로 바꿔왔는데, 그것이 현재 목포 홍어집에서 고래고기를 파는 기원이 되었다.

수십 년 지속된 고래의 집단 학살로 흑산도 근해에서 더 이상 대형고래를 만나기 어렵게 되었다. 당시 일본 포경회사가 흑산도 포경 근거지에 1926년부터 1944년까지 18년 동안 잡은 고래는 모두 858마리였다. 포획된 고래를 종류별로 보면 참고래(긴수염고래) 827마리, 돌고래(혹등고래)28마리, 대왕고래(흰긴수염고래) 3마리였다.

포항이 한반도 포경에 등장하는 시점은 1940년이다. 한일 합방

이후 일본은 울산, 제주도, 흑산도, 대청도, 북한 장전 등을 근거지로 참고래, 대왕고래, 향고래, 돌고래, 귀신고래, 긴수염고래 등을 대거 포획하다가 1940년부터는 밍크고래로 눈을 돌린다. 1937년에 시작된 중, 일 전쟁이 장기화하고 식량과 각종 물자가 부족해지자 그 대응책으로 수산업 분야에서 종래 포경업 대상에서 제외되었던 소형 고래인 밍크고래를 잡기 시작했다. 밍크고래 포경업은 소

일본 포경선

규모 경영이고 일본이 주도했다. 한국에 소재한 조선수산개발 주식회사가 포경선을 사용하여 행한 포경업이었다. 처음에 시험 명목으로 시작했는데 여기에 동원된 포경선 규모는 18t 제1호환호, 16t급 제2환일환호, 15t급 제1호환호이다. 이 세 척의 포경선으로 밍크고래를 포획했는데 판매실적을 보면 39두 포획에 34두를 영일 어업조합에 판매하였다. 이것을 보면 광복 후에도 포항은 밍크고래의 근거지였고 밍크고래 거래가 활발히 이루어졌음을 알 수 있다.

일본 포경회사가 일제강점기 동안 동해뿐만이 아니라 서, 남해까지 한반도 연안 포경어업권을 독점해 해방되기 직전인 1945년 8월까지 한반도 연해에서 수천 마리의 중 대형고래를 남획했다.

자세히 살펴보면 참고래(긴수염고래)의 포획이 많았다. 일제강점기 동안 일본 포경선이 우리 바다에서 잡은 고래가 6천 500여 마리나 되는데, 이 가운데 5,100여 마리가 참고래라는 사실과 맥을 같이 하고 있음을 알 수 있다.

해방 후 한반도 포경업-1.장생포

우리나라가 독자적으로 상업적 포경에 나선 것은 1945년 일본의 패망으로 일본인이 모두 본국으로 돌아간 뒤 한국인에 의해 이루어졌다. 당시 우리가 설립한 최초의 포경회사는 일제강점기 때 포경선에서 조업한 경험이 있는 300여 명이 출자하여 설립한 조선포경(주)이다. 이 회사는 일본수산(주)으로부터 일제강점기 당시 한국인 종업원들에 대한 체불임금과 퇴직금 몫으로 목선 포경선 2척을 받아 울산 장생포를 중심으로 조업을 시작했다.

포경선 2척으로 김옥창이 조선포경(주)을 설립하고(1946.4.16.) 고래잡이 채비를 했다. 두 척의 포경선은 제7정해환호와 제6정해환호였다. 이것이 한국의 독자적인 최초의 현대식 고래잡이배였다. 조선포경(주)의 설립은 일본 상업학교를 졸업하고 일본포경(주)에 근무했던 박덕이를 사장으로 추대했고 전무는 김옥창, 상무는 이경화, 이사는 서상이, 감사는 조동완이 맡고 서울 중구 동자동 12번지에 본사를 두었다. 부산 출장소에는 일본 동경수산 강습소 본과를 나온 전찬일이 소장으로 취임했다. 이후 1946년 10월 6일 조선포경(주)은 어선 2척을 추가로 구입했다. 이때 공동 구입한 대표주주가 박덕이, 김명주, 노소출을 비롯한 여러 명이었다. 그리고 청진수산(주) 사장 천본창이 근착선 1척과 제3영동환호를 포경선으로 개조해 포경업에 뛰어들었다. 그야말로 열악한 환경에서 어선을 개조하고 포경업을 발전시켜 나가는 초기의 모습이라고 할 수 있다.

일본수산(주)로부터 포경선 2척을 받는 과정에서 일화가 있다. 1945년 8월, 온 나라가 해방의 기쁨에 들떠 있을 때, 울산 장생포의 부둣가에서는 고래잡이 선원들의 한숨이 흘러나왔다. 다른 사람들은 해방을 기뻐하며 태극기를 흔들고 만세를 부르고 있었지만, 그들은 자신들의 상황을 한탄했다. "우리는 이제 어떻게 살지? 고래잡이 대신 꽁치나 멸치를 잡아 살 수는 없고, 일본인 사주가 땡전 한 푼 주지 않고 도망가버렸으니, 우리는 이제 어떡해야 하나?"

이 선원들은 일본수산(주) 소속의 포경선에서 일하던 한국인들이었다. 일본이 패망하면서 일본인 사주가 모든 포경선을 끌고 본국으로 돌아가 버린 결과, 이들은 하루아침에 일자리를 잃고 말았다. 그 일본 회사는 경상도 장생포와 전라도 흑산도에서 포경 사업을 운영하고 있었으며, 선원들과 고래 해체장에서 일한 한국인 종사자들은 약 350명에 달했다. 그들이 배운 기술이라곤 고래를 잡는 것과, 잡아 온 고래를 해체하는 것밖에 없었다. 그래서 그들의 앞길은 막막할 수밖에 없었다.

한숨만 쉬고 있어서는 될 문제가 아니었다. 그들은 회의하여 대표를 뽑아 일본으로 건너가, 사장에게 퇴직금을 달라고 요구하거나, 퇴직금을 대신해 포경선 몇 척을 가져오자는 이야기를 했다. 회의 끝에 몇 명의 대표를 뽑아 일본으로 보내게 된다. 그러나 퇴직금을 받아오는 데는 실패했다. 그렇지만 빈손으로 돌아온 것은 아니었다. 두 척의 고래잡이용 목선을 가지고 울산 장생포항에 나타난 것이다. 이 목선들은 철선에 비해 크기도 작고 속도도 느린 데다가, 고래 잡는 방법도 원시적이었다. 하지만 포경선 한 척 없어 아쉬웠던 상황에서, 두 척의 배라도 있는 것만으로도 큰 다행이었다. 배는 두 척뿐이지만, 중요한 건 고래만 잡으면 된다는 것이었다.

그런데, 배는 두 척뿐인데 주인은 350명이나 되었다. 그러니까 이 배들을 어떻게 운영할지, 누구를 태울지에 대한 고민이 커졌다. 결국 그들은 공동 조업을 하자는 결정을 내리게 된다. 그리고 회사를 만들자는 이야기가 나왔다. 회사 이름은 조선수산 또는 조선포경주식회사로 하면 어떨까? 논의했다. 그렇게 하면 350명 모두가 주식회사의 주주가 될 수 있는 것이다. 이렇게 해서 해방 후 한국인에 의한 최초의 포경회사인 조선포경주식회사가 탄생하게 되었다.

4월과 5월은 흑산도 쪽으로 가야 고래가 잡혔고, 6, 7, 8월은 장

위에서 아래로 순서대로 구룡포, 방어진, 장생포 포경선

장생포 포경선

생포가 고래를 잡을 적기였기 때문에, 그들은 두 척의 배를 타고 흑산도와 장생포를 오가며 고래잡이를 했다.

하지만 문제는 포경선 한 척의 정원이 고작 12명이었고, 그러다 보니 누구를 먼저 태울 것인지에 대한 논란이 일었다. 이 때문에 서로 옥신각신하고, 골머리를 싸매며 고민을 하게 되었다. 게다가 두 척의 포경선을 둘러싸고 장생포파와 흑산도파 사이에서 격렬한 분쟁까지 발생했다. 350명의 주인이 존재하는 회사는 결국 갈등과 분쟁으로 어려움을 겪었고, 결국 망하게 되었다. 그렇지만, 조선포경

(주)가 망한 시점은 우리나라 포경업이 본격적으로 확장해 나가는 출발점이기도 했다.

 울산 장생포항은 한반도 최대의 포경 전진기지였고, 포경 초창기의 어려움을 지나 60~70년대는 고래잡이의 전성기였다. 1961년, 한국 포경업 수산조합 설립을 위해 서류가 제출됐고, 그해 12월에는 울산 장생포에서 창립총회가 열렸다. 그 당시 포경어업 협동조합의 조합원은 12명이었고, 1964년에는 16명, 1965년에는 18명으로 늘어났으며, 1969년에는 다시 14명으로 줄어들었다.

장생포 문화마을-개가 만 원짜리를 문 모습

그 시기에 고래고깃값의 폭락으로 어려움을 겪었지만, 일본으로의 수출이 활기를 불어넣었다. 포경업은 늘 흥망성쇠를 반복하며 변화했다. 1969년에는 철선 포경선이 최신 기관으로 건조돼 조업을 시작했지만, 고래 포획이 감소하면서 잠시 주춤했다. 그러나 1970년대에는 다시 절정을 이루었고, 경제적으로 어려운 시기에도 장생포에는 동네 개도 만 원짜리를 물고 다닌다는 말이 돌 정도로 풍요로웠다.

이와 같은 침체와 활기가 반복되던 시기, 울산 장생포는 포경업의 전성기를 맞았고, 선주들은 쏨쏨이가 좋아 주머니가 두둑해졌으며, 포수, 선장, 기관장, 고급 선원들은 청루(기생집)골목을 누빌 만큼 한창 잘 나갔다.

장생포는 고래잡이가 한창일 때 20여 척의 포경선과 1만 명의 인구가 거주하는 큰 마을이었다. 해를 거듭할수록 목선 포경선은 철선으로 바뀌었고, 장생포 기지도 철선 포경선으로 점차 확대됐다. 소문을 듣고 수산회사들이 돈 보따리를 싸 들고 울산 장생포로 몰려들었다.

이때 등장한 철선 포경선으로는 동방 1, 3, 5호, 진양 1, 3, 5, 6호, 청구 1, 3, 5호, 태원호 등이 있었다. 이들 모두 현대식 최신 기기를 장착한 89t급 철선 포경선이었다. 디젤 엔진 500마력의 위용을 자랑하며 철선 모델의 기준이 되기도 했다. 이제 남은 것은 대거 등장한 최신 포경선들이 조업 실적을 통해 평가를 받고, 선주에게 보답

하는 길뿐이었다. 하지만 포경선 선원들의 다짐은 잠시뿐이었다.

1980년대에 들어서면서 무분별한 포경으로 고래의 포획량이 줄어들었고, 일부 종은 멸종에 이르게 되었다. 이로 인해 1982년 7월 국제포경위원회(IWC)는 제34차 총회에서 고래자원 보호를 위해 상업 포경을 전면 금지하는 의안을 가결했고, 1986년부터는 상업 포경이 전면 금지되었다. 이로써 장생포는 더 이상 고래잡이를 할 수 없게 되었다.

이렇게 급격하게 찾아온 한반도 포경업의 쇠퇴기는 너무 짧은 시간 안에 이루어졌다. 1986년 1월 1일부로 포경이 완전히 금지되기 전까지, 한국 포경업의 주된 근거지는 울산 장생포와 방어진 지역이었다. 서해에서도 포경이 이루어졌지만, 여전히 중심은 울산이었다.

울산에 남아 있던 마지막 포경선 20여 척중 5척 정도 1985년 10월 31일까지 출어를 시도했지만, 태풍이 찾아와 고래를 만나지 못했다. 남아 있던 포경선 중 3척은 북태평양 명태잡이로 업종을 전환했고, 5척은 어초용으로 침몰시켰다. 이후 일부 선주들은 포경이 재개될 날을 기다리며 배를 보존했지만, 결국 그 전망이 무산되면서 대부분의 포경선은 폐기되었다. 당시 언론에 따르면, 남아 있는 포경선 수는 1991년에는 5척, 2004년에는 2척으로 줄어들었고, 그중 한 척이 현재 장생포 박물관 앞에 전시된 진양6호다.

장생포 마을은 점점 쇠퇴했고, 한반도의 중심 포경기지였던 울산 장생포는 역사 속으로 사라지는 듯했다. 그러나 울산광역시는 고래와 지역 관광을 연계한 관광문화산업의 중심지로서의 가능성을 발견하고 큰 노력을 기울였다. 그 결과, 장생포는 고래문화특구로 지정되어 발전했으며, 지금은 울산을 대표하는 아이콘으로 다시 도약하고 있다.

해방 후 한반도 포경업-2. 방어진

방어진에서의 포경업은 해방 이후 새로운 전환점을 맞이했다. 특히, 방어진의 첫 포경선인 청진호는 그 시작을 잘 보여주는 중요한 사례이다. 청진호는 원래 일본인이 운영하던 정어리잡이 배였으나, 1945년 해방을 맞이하면서 일본인들이 본국으로 철수하자 방어진에 남은 일부 배들이 귀항하지 못한 채 남아 있었다. 이 중 하나인 정어리잡이 목선을 해방 후 한국인이 포경선으로 개조했고, 그 배가 바로 백씨 형제의 청진호였다. 청진호는 방어진 포경선의 제1호선으로, 방어진에서 본격적으로 포경업이 시작되는 중요한 의미가 있다.

백씨 형제를 빼고 방어진 포경사를 이야기할 수 없다. 백씨 형제는 4형제였는데 이름은 첫째 두선, 둘째 천근, 셋째 상건, 넷째 사근이었다. 어느 날 이들은 방어진에 가서 배를 타면 돈벌이가 잘 된다

철선 건조하던 청구조선

는 소문을 듣고 방어진으로 향했다. 그렇게 방어진에서 삶의 터전을 잡고 뿌리를 내렸다.

청진호의 등장과 함께 방어진은 다른 지역에 비해 비교적 빨리 한국인 주도의 포경업이 시작되었다. 장남 백두선은 형제들과 함께 수산업을 배우고 경영해왔으며, 특히 셋째 백상건은 20대 청년 시절부터 경영을 맡아 활약했다. 백상건과 그의 형제들은 해방 전부터 저인망어선(댕구리배)과 정어리잡이 배를 운영하며 어업에 대한 경험을 쌓았다. 해방 후에는 상어잡이선과 저인망어선을 확장하면서 본격적인 어업 활동을 시작했고, 형제들은 방어진 항구에서 가장 큰 영향력을 행사했다.

방어진에서 백상건은 1948년에 동양포경(주)를 설립하고 포경업에 본격적으로 뛰어들었다. 동양포경은 방어진의 수산업을 대표하는 회사로 자리 잡았으며, 백씨 형제들은 이 회사를 경영하면서 한국 포경업의 발전에 중요한 역할을 했다. 백천근은 둘째로 주로 회사의 내부 관리와 살림을 맡았다.

이들은 또한 형제포경(주)를 확대 설립하여, 한국 수산업의 주요 기업으로 성장시켰다. 이들 형제가 경영한 수산업은 포경선뿐만 아니라 저인망어선, 나가선, 근착선 등 다양한 어선을 보유하며 사업 영역을 넓혔다. 그 결과, 방어진 항구는 부산을 제외한 동해안의 여러 항구(포항, 구룡포, 강구, 죽변, 주문진, 속초) 가운데 가장 많은 어획량을 자랑했고, 재무 구조가 탄탄한 선두주자로 자리매김하게 되었다.

백씨 형제는 방어진 항구에서 무려 17척의 어선을 운영하며 방어진을 중심으로 한 수산업을 이끌었다. 백씨 형제의 경영은 이 지역 수산업의 발전을 이끄는 중요한 원동력이 되었다. 백씨 형제의 활동은 단순히 수산업에 그치지 않고, 방어진을 비롯한 동해안 수산업의 성장을 견인하며 한국 수산업의 발전에 중요한 기여를 하였다.

백씨 형제의 동양포경(주)는 포경뿐만 아니라 방어진항 동쪽편 동진마을(목거랑)에 전용 고래 해부장을 설치하여 포획한 고래를 처리했다. 초기 동양포경(주)는 한 척의 포경선에서 시작했지만, 이후 포경선의 수는 급격히 증가하여, 청진호, 백경호, 대경호, 정흥호, 삼해호, 청구호, 어성호 등 총 7척으로 확대되었다.

가장 먼저 철선으로 건조된 백경호는 그 당시 방어진에서 중요한 의미를 가진 포경선이었다. 또한, 어성호는 방어진 수산 중학교(현재의 방어진 중학교)의 실습선을 개조해 만든 포경선으로, 지역 교육과 산업이 밀접하게 연결된 사례였다.

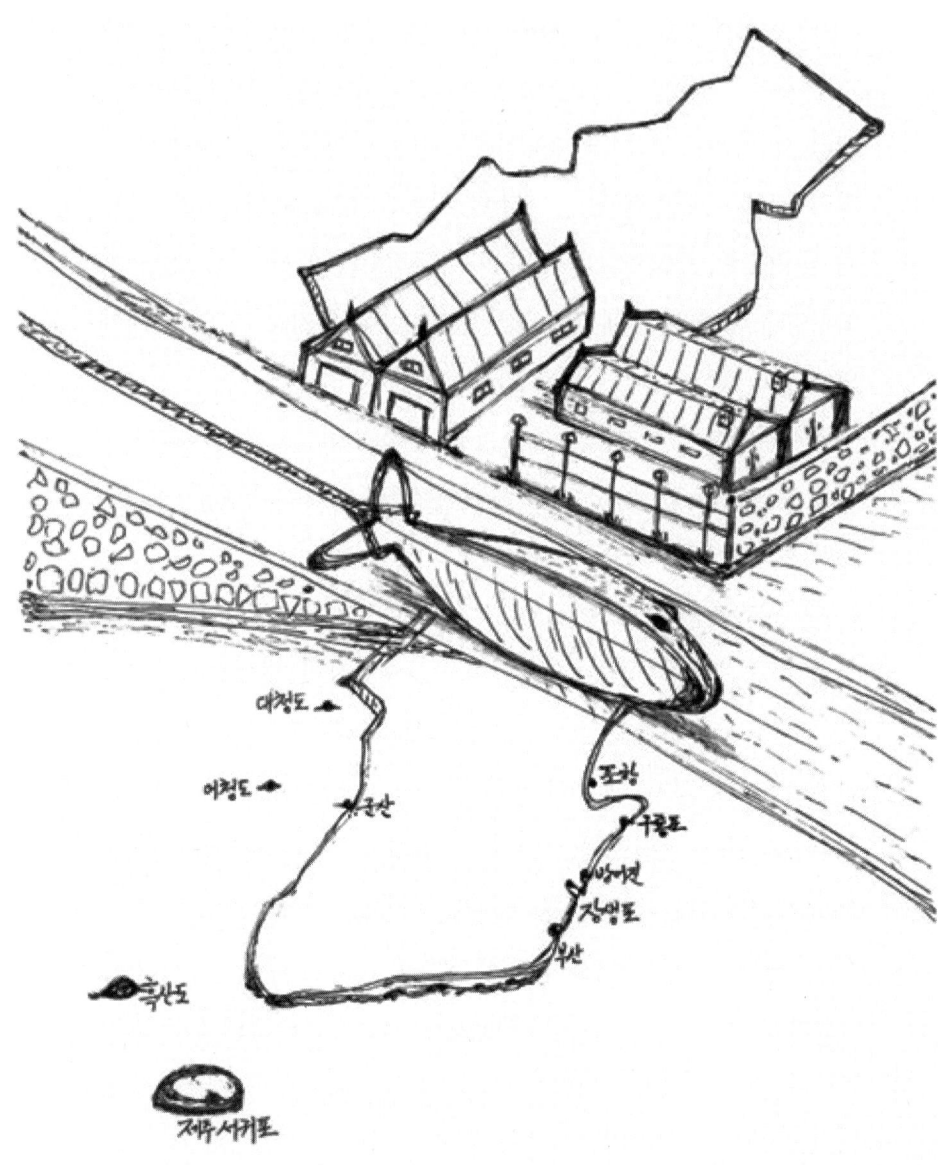

해방 후 분단과 포경 기지

이 시기 백상건은 포경업을 확대하며 두산호라는 70t급 포경선도 일본에서 수입해 방어진에서 운영을 시작했다.

1950년대 후반, 둘째 백천근의 큰아들 백만술이 포경업에 뛰어들면서 방어진 포경업은 전성기를 맞았다. 백만술은 부친의 유산을 이어받아 포경업을 더욱 확장하고, 방어진에서 가장 큰 재력가로 자리 잡았다. 그는 국회의원과 경남도 교육위원에 출마하며 지역사회에서도 영향력을 행사했다. 그 당시 방어진읍에서는 백만술이 경제적으로 큰 영향을 미쳤으며, 그는 "먹고 보자, 백만술"이라는 신조어를 남기기도 했다. 이는 그의 재력을 의미하는 말로, 백만술이 지역 주민들에게 고무신 한 켤레를 나누어 줄 만큼 넉넉한 재력을 자랑했기 때문이다.

백만술의 경영과 후원 덕분에 방어진항은 "자고 나면 물 반, 고기 반"이라는 말이 생길 정도로 풍성한 어획량을 자랑했다. 방어진항의 경제는 고기와 고래의 풍부한 자원 덕분에 크게 발전하였고, 포경업 역시 전성기를 맞이했다. 방어진은 단순히 수산업의 중심지가 아니라, 포경산업의 전성기를 구가하는 중요한 경제적 거점이 되었다.

이처럼 백씨 형제, 그리고 그들의 자녀들에 의해 방어진은 한국의 포경업의 중심지로 자리 잡았으며, 포경선과 관련된 수산업은 방어진 지역의 경제와 사회를 크게 변화시켰다.

해방 전후에 생겨난 말 중 하나는 "개도 만 원짜리를 물고 다닌다"

라는 표현이다. 돈이 너무 흔하고 넘쳐나는 상황을 묘사한 말인데, 사실 이 말은 방어진에서 생긴 말이다. 하지만 시간이 지나면서 이 말이 마치 장생포에서 생겨난 것처럼 와전되어 전해지고 있다. 장생포에서도 고래잡이로 전성기를 맞았을 때, 돈이 넘쳐나고 포경 선주들이 씀씀이가 좋았던 건 사실이다. 포수, 선장, 기관장 등 고급 선원들도 호경기를 맞아 좋은 생활을 즐겼고, 그만큼 장생포에서도 이 표현이 쓰였던 시기가 있었다는 점을 짚고 넘어가야 한다.

1950년대 중후반, 방어진 항구는 어업과 포경업의 전성기를 맞았다. 특히 포경선은 최고 수익을 올릴 수 있는 선망 대상이었다. 이때 백상건은 포경조합장으로 대일 수출의 길을 열었다.

이 시기에 백씨 형제 중 백천근이 세상을 떠나고, 그의 장남이 백만술이 청진호를 운영하던 자리를 동생인 백만욱과 백만철이 맡게 된다. 두 사람은 낡은 청진호를 계속 운영했지만, 선령이 너무 오래되어 더 이상 포경을 할 수 없었다. 그래서 1960년에는 새로 정흥호를 건조하여 한반도 연안을 돌며 포경 활동에 집중했다. 동해는 물론 남서해 어청도까지 원정 포경을 하면서 포경산업에 힘을 쏟았다.

방어진항 포경선은 50~80t가량 크기로 포수, 선장, 기관장 등 10여 명의 선원이 승선할 수 있었으며 고래를 포획하기 위한 포경포와 고래를 발견하는 망통 등이 설치되어 있는 나름대로 많이 개선된 포경선이었다. 일본 근해와 울진 앞바다까지 항해하면서 한해 50~60마리의 고래를 포획했다고 한다.

해방 후 한반도 포경업-3.포항과 구룡포

　포항의 포경업은 1950년 6.25 후쯤 하향한다. 1950년대 말쯤에는 구룡포에 밀려 자취를 감췄다. 영일만에 밍크고래가 많았던 것은 크릴새우 덕분이라고 하는데 보리가 익어서 고개를 숙이는 5월이면 대량의 크릴새우가 영일만으로 유입되었고 먹이사슬에 따라 밍크고래도 따라왔다는 것이다. 이때 호미곶 인근의 홍환, 발산 주민들은 많은 크릴을 잡아 상당한 소득을 올렸다고 한다.
　그러다 영일만에 제철 공장이 건립되면서 해안에 각종 구조물이 구축되었고 이 때문에 크릴새우도 밍크고래도 영일만으로 들어올 수 없게 되었다. 옥토가 황무지로 변한 셈이다. 이 이야기는 제철공장이 들어서기 전에 영일만에 밍크고래가 많았다고 한 김정환의 증언과 맥을 같이 하고 있다.
　포항 이야기를 좀 더 들어보기 위해 포항시 의원을 지낸 최일만 전 죽도시장 상인연합회장을 만났다. 앞서 언급한 바와 같이 일제강점기에 밍크고래의 근거지였던 포항은 6.25 전쟁 후에 포경업이 내림세를 보이다 1950년 말에는 자취를 감춘다. 최 전 회장은 실제로 1950년대 포항에서는 포경업이 인기가 없었다고 이야기했다. 여러 가지 이유가 있겠지만 무엇보다 수요 부족을 꼽았다. 당시 포항에서 고래고기가 유통되기는 했지만, 수요가 많지 않아 고래고기를 보관할 수 있는 냉동시설이 부족해서 포경업에 별 매력이 없었다는 것이다. 게다가 구룡포에는 포경업이 지속되고 있었고 장생포 포경업은 계속 커지고 있기에 포항에서 포경선을 계속 보유해야 할 이유가 사라진 것으로 볼 수 있다.

강두수는 일제강점기 때 구룡포에서 일본인이 경영하던 수산회사에서 사무장으로 근무하다가 1945.8.15. 광복 후에 그 수산회사의 배를 넘겨받아 포경업을 시작했으며 포경선 3척과 꽁치잡이 배 2척을 보유하고 다양한 사업을 일궈 낸 구룡포의 수산업자였다.

강두수는 자신 소유의 해승호를 폐선 처리할 무렵에 일본에서 철선 도입을 검토했다. 크고 성능 좋은 철선으로 먼바다에 나가서 더 많은 고래를 포획할 것인지 아니면 기존의 목선으로 연근해에서 밍크고래 포획에 집중할 것인지를 놓고 고민하다가 사업을 확대하지 않고 목선을 사용하는 것을 선택했다.

최일만 전 죽도시장 상인연합회장은 해체한 고래고기를 삶아서 궤짝에 넣은 다음 버스를 타고 포항 죽도시장 수산회사에 넘겼다고 한다. 구룡포에서 포항으로 가는 길이 힘들었으며, 구룡포에서 대

구까지는 트럭을 타고 가는데 4시간 30분 걸렸다고 한다. 그리고 구룡포에서 서울까지 가는 데 15시간이나 걸렸다고 한다. 경부 고속도로가 완공된 후 트럭을 타고 달려보니 방바닥 장판에 구슬 굴러가는 것 같고, 구룡포에서 포항 가는 도로가 포장된 후 한번 달려본 다음에 일부러 왕복할 정도로 기분이 좋았다고 한다.

구룡포 포경업도 울산 장생포에 밀린다. 1962년 한국 포경어업 수산시장 조합이 작성한 포경선 현황에 강두수 소유의 제9영어호는 밍크고래 12두, 제13영어호는 14두를 포획한다. 8년 후 1970년 3월에 작성한 포경선 현황에는 총 22척 중 제9영어호, 제13호 영어호가 있지만, 이후 공식자료에는 보이지 않는다.

1970년 이 현황은 포경역사에서 시사하는 바가 크다. 장생포에는 1969년 6월에 건조된 동방수산소유의 제1동방호, 제3동방호, 제5동방호가 새롭게 등장하는데 세 척 모두 81t급의 철선으로 엔진 450마력의 위용을 갖추고 있다. 그에 비해 구룡포는 1935년 건조된 제9영어호와 1953년에 건조된 목선인 제13영어호는 17t급 50마력에 불과했다.

울산 장생포에는 큰 자본이 유입되면서 최신식의 대형 포경선이 투입된 반면 구룡포는 노후된 소형 포경선으로 지탱하면서 두 지역은 경쟁력에서 큰 차이가 난 것이다. 이에 따라 구룡포 포경선 선원들은 울산 장생포로 이동하게 되고 구룡포의 포경기지는 그 명성을 차츰 잃게 된다.

구룡포에 있는 다무포 마을에 가면 동네 입구에 고래 그림 벽화가 여기저기에 그려져 있는 것을 볼 수 있다. 고래가 줄을 지어서 마을 앞 해변으로 들어와서 새끼를 낳고 다시 큰 바다로 나가는 그림이다. 그것을 보고 자란 어린 소년은 벌써 고희가 넘은 나이다. 구룡포 다무포 마을은 그 옛날 한때는 울산보다 더 크게 고래잡이 조업을 했지만 아쉽게도 지금은 작은 어촌으로 성장세가 멈추었다.

또한, 구룡포읍 행정복지센터 앞마당에는 한 척의 포경선이 전시되어있다. 제1동건호이다. 뱃머리에 총을 달고 있어 한눈에 보아도 포경선임을 알 수가 있다. 구룡포 유지 김건호가 기증한 이 배는 구룡포가 포경기지였음을 한눈에 보여주는 증표이다. 김건호는 강두수의

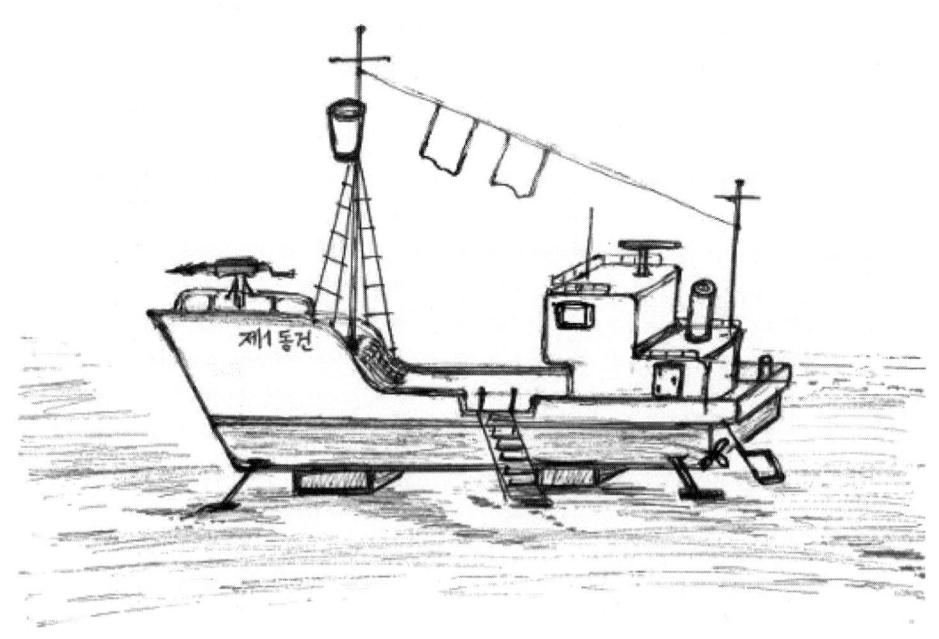

생질로 강두수에게 수산업을 배웠고 구룡포 읍내 길거리에 벚나무를 심기도 하는 등 좋은 일을 많이 한 구룡포 수산업자이기도 했다.

해방 후 한반도 포경업-4.흑산도와 대청도

　흑산도에는 바다와 접한 곳에 고래를 끌어 올리는 경사 15도에서 30도 정도인 길이 있고, 그 위에는 고래를 해체하는 해체장이 있었다. 해체장 옆에는 고래를 삶은 대형 가마솥 두 개가 있었고, 그 옆에는 고래수염을 튀기는 곳도 있었다. 해체장 바로 위에는 고래를 끌어 올리는 기계가 있었고, 기계 왼쪽에는 증기 동력 보일러실이 있었으며, 그 뒤로는 창고가 있었다. 창고 뒤에는 포경회사 직원용 목욕탕이 있었는데, 고래 해체작업이 힘들고 고약한 냄새가 나서 자주 목욕해야 했다고 한다.

　포경회사 사무실은 해체장 뒤 창고와 목욕탕 사이에 있었고, 사무실은 군대 막사처럼 가운데 통로를 따라 책상이 양옆에 배열돼 있었다. 사무실 뒤쪽에는 혼다약국이 있었는데, 직원들과 그 가족들에게는 보건소 역할을 했다고 한다. 고래 해체작업 중 기계가 킹컹거리며 지반을 흔들면, 그때마다 흑산 바다에서 잡아 온 고래의 신음도 더 거칠어졌다.

흑산도도 울산 장생포처럼 일제강점기 동안 포경 작업이 꾸준히 이루어졌던 곳이다. 하지만 대흑산도에는 울산 장생포처럼 고래와 관련된 음식문화가 강하게 남아 있진 않다. 대신 목포는 아직도 고래고기를 파는 식당이 있는 걸 보면, 대흑산도에서 포경 근거지에서 월급 대신 지급된 고래고기가 비금도와 목포까지 유통되며 하나의 식문화로 자리 잡은 것 같다고 추측할 수 있다.

흑산도 고래공원은 흑산도 사람들이 "고래판장"이라고 부르던 예리마을의 고래 해체 작업장이 있던 자리에 만들어졌다. 흑산도라는 이름은 섬 전체가 검게 보여 붙여졌다고 전해진다. 또 이곳에는 믿기 어려운 고래 이야기, "고래가 사람 목숨을 구한 이야기"도 전해져 내려온다.

[파도가 거세게 일고 있었다. 사리마을의 어선들은 항해 중에 풍

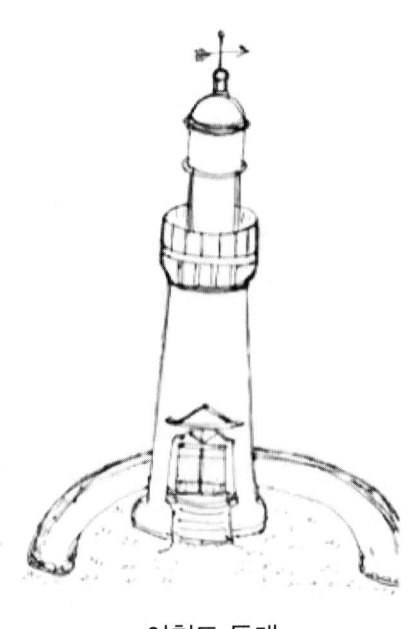

어청도 등대

랑을 만나 죽을 고비를 맞고 있었다. 배는 거대한 파도에 휘청이며 뒤집힐 듯했다.

"파도가 너무 심하게 친다."

"이대로 가면… 정말 배가 뒤집히겠네."

어부들은 파도에 휘청이는 배에서 안절부절못했다.

그때, 바닷속에서 무엇인가 거대한 것이 떠오르기 시작했다. 어부들은 믿기 힘든 장면을 목격했다. 그 거대한 생명체는 고래였다.

"저게… 고래야?"

한 사람이 놀라며 말했다. 고래는 배 밑으로 들어갔다. 그러자 배가 떠올랐다. 고래가 배를 등으로 떠받친 것이다.

그런 후 고래는 그 거대한 몸으로 배를 밀어 올리며, 바다를 가르고 흑산도 방향으로 헤엄쳐 갔다. 배는 더 이상 파도에 휘둘리지 않았다. 어부들은 안도의 한숨을 내뱉으면서도 그 광경이 믿어지지 않았다.

"고래가 우리를 구해주고 있어."

배가 흑산도 근처에 도달했을 때, 고래는 잠시 멈춰서 배를 내려놓고 선회하다가 바닷속으로 사라졌다. 사람들은 순간적으로 안도의 한숨을 내쉬었지만, 파도는 여전히 거셌다.

"어떻게 된 거지? 배가 다시 뒤집힐 것 같은데."

"잠깐만! 저기 봐! 고래가 돌아왔다!"

또 다른 사람이 손가락으로 바다를 가리켰다.

고래는 다시 돌아와 배를 등에 올리고, 마을의 해변 근처로 조심스럽게 끌고 갔다. 고래가 배를 안전하게 내리고는 고래는 다시 사라졌다.

"정말 고래가 우리를 구해준 거야?"

마을 사람들은 그날 이후로 고래 이야기를 계속 전했다. 풍랑에 휘말려 죽을 위기에 처했을 때, 신비한 고래가 나타나 배를 구해주었다는 이야기가 아직도 전해진다.]

과거 흑산도는 "고래의 섬"으로도 불렸고, 고래를 해체하던 "고래판장"이라는 지명도 남아 있다. 홍어공원이 아닌 고래공원이 조성된 것도 고래와 관련된 흑산도의 역사적 사실과 깊은 연관이 있기 때문으로 보인다.

대청도는 서해5도 중 하나로, 인천광역시 옹진군에 속해 있다. 서해5도는 서쪽부터 백령도, 대청도, 소청도, 연평도, 우도를 말하는데, 이 섬들은 북방한계선(NLL)과 접해 있어 북한과 바다로 맞닿은 최전선이라 할 수 있다. 대청도로 가려면 인천연안여객터미널에서 하루 3번 운행하는 백령도 행 여객선을 타야 하는데, 여객선이 소청도와 대청도를 거쳐 가는 방식이다.

대청도는 일제강점기 때 흑산도와 함께 서해 포경의 전초기지로 유명했다. 특히 대청도의 선진항은 예전에 포경회사가 있던 곳이다. 당시 11월부터 이듬해 5월까지 고래잡이 철이 되면 일본 상인들로 북적였다고 한다.

지금의 대청도 포구는 고래 대신 홍어와 우럭으로 풍년이다. 대왕고래와 참고래가 사라진 서해에는 이제 상괭이가 헤엄치고 있다. 상괭이는 때로는 한강까지 거슬러 올라오고, 김포대교 아래 신곡수중보에서 사체가 발견되기도 했다. 상괭이는 세계자연보전연맹이 지정한 취약종이고, 해양수산부에서도 해양보호생물로 지정해서 보호 중이다. 하지만 그물에 걸리는 혼획 사고가 빈번해서 개체 수가 빠르게 줄어들고 있다.

1900년대 초, 일제가 한반도 근해에서 고래잡이를 하기 위해 회사를 만들었다. 처음엔 동해에서 고래를 잡다가 남획으로 대형수염고래가 줄어들자, 1915년쯤부터 남해와 서해로 조업지를 옮겼는데, 그중 한 곳이 바로 대청도였다.

어청도는 전북 군산시 옥도면에 속한 섬으로, 군산에서 북서쪽으로 72km 정도 떨어져 있고, 우리나라 아름다운 10대 등대 중 하나로 꼽히는 어청도 등대가 있다. 이곳도 서해 포경의 중요한 전초기지였다. 특히 울산 장생포와 방어진항 소속 포경선들이 새해가 되면 가장 많이 원거리 포경을 갔던 곳이 바로 어청도다. 2~3월쯤이 되면 어청도 근해에 고래가 많이 회유했기 때문이다.

예전에는 구형 목선 포경선을 타고 이틀 걸려 갔지만, 철선 포경선이 나오면서 하루 만에 갈 수 있었다. 방어진 소속 포경선에서 조리사로 일했던 선원이 어청도에서 3개월 조업하고 돌아오면, 신문지에 고래고기를 싸 들고 와서 동네 사람들에게 맛을 보여주던 일도 있었다. 초봄이면 고래들이 놀던 이곳에 한반도 포경선이 모였고, 당시 어청도에서 조업을 마친 선원들은 돈벌이도 잘돼서 돌아올 때마다 고래고기를 선물로 나눴다고 한다.

로이채프먼 앤드류스와 귀신고래

　예로부터 울산 바다는 귀신고래, 참고래, 밍크고래 등 다양한 고래들이 다수 서식해온 것으로 알려져 있다. 〈동국여지승람〉에는 울산 앞바다는 경해(鯨海) 즉 고래 바다라 했다. 그중에 한국 이름이 들어간 고래가 귀신고래다. 귀신고래는 포경선이 다가가면 귀신처럼 숨고, 울음소리가 귀신 소리 같다고 해서 붙여진 이름이다.
　미국의 탐험가이자 고고학자인 로이 채프먼 앤드류스는 1910년 일본에서 "조선 해안에서 이상한 고래가 잡힌다"라는 이야기를 듣고 큰 흥미를 느꼈다. 이후 1912년 울산 장생포를 찾아 1년 넘게 머물며 울산 앞바다를 회유하는 고래를 연구했다. 그의 연구는 1914년 발표된 논문으로 이어졌으며, 이를 통해 귀신고래를 세계 학계에 처음으로 보고하고 '한국계 귀신고래'라는 이름을 명명했다.
　앤드류스는 탐험가로서 미지의 세계를 향한 호기심과 도전 정신으로 유명하다. 영화 인디아나 존스의 주인공에 영감을 준 실존 인물이기도 하며, 중절모와 벨트를 탐험가의 상징으로 남긴 인물이다. 약 100년 전, "악마 고래"라는 이야기를 듣고 울산 장생포에서 연구를 시작한 그는 목격한 귀신고래를 학계에 알리며 세계 최초로 '한국계 귀신고래'를 명명하는 업적을 남겼다. 그가 장생포에서 작성한 귀신고래 연구의 자필 조사 일지는 이후 1914년 발표된 논문의 기초 자료가 되었다. 그의 업적은 한국계 귀신고래의 발견과 함께 코리안 신대륙 발견 이론을 떠올리게 하는 역사적 의미를 지닌다.

로이 채프먼 앤드류스가 작성한 귀신고래에 관한 자필 조사 일지는 현재 미국 자연사 박물관 연구 도서관에 보관되어 있다. 이 일지는 한 권으로 구성되어 있으며, 제목은 「ANDREWS JOURNALS 1908-1912」, 소제목은 「Whale Note Measurements Korea Jan~Feb 1912」로 표기되어 있다.

앤드류스는 귀신고래 23마리를 조사했으며, 그 외에도 범고래(2마리), 혹등고래(3마리), 참고래(1마리), 대왕고래(1마리) 등 다양한 고래를 포함해 총 30마리의 표본을 연구한 내용을 기록으로 담았다. 대부분 간략한 수치와 설명으로 이루어져 있으나 몇몇 기록은 그림을 그려 상세히 설명을 더 하고 있다.

로이 채프먼 앤드류스 박사는 동해에 출현하는 귀신고래를 조사하며, 이를 캘리포니아 회유로를 따르는 다른 귀신고래와 구별되는 독립적인 종으로 밝혀냈다. 그는 이 고래에 KOREA라는 이름을 붙이며 귀신고래가 두 종류로 나뉜다는 사실을 학계에 알렸다.

현재 귀신고래는 서북태평양계군과 동부태평양계군으로 나뉜다. 서북태평양계군에 속하는 한국계 귀신고래(Korean Gray Whale)는 오호츠크해, 동해안, 그리고 일부 일본 동부 태평양 연안을 따라 회유하는 것으로 알려져 있다.

로이 채프먼 앤드류스 박사는 울산 장생포에서 동양 포경회사(일본의 포경회사)가 포획한 148마리의 고래를 대상으로 생물학적 조사를 진행했다. 또한, 3명의 포경선 선장으로부터 귀신고래에 대한 모든 정보를 전수받아 이를 토대로 1914년 289페이지에 달하는 논문을 작성할 수 있었다.

특히, 그는 당시 세계에서 찾아보기 어려웠던 귀신고래의 완전 골격 두 구를 울산에서 확보했다. 이 골격 중 하나는 미국 뉴욕 자연사 박물관으로, 다른 하나는 워싱턴 국립박물관으로 보내졌다. 울산에서 발견된 귀신고래의 완전 골격이 세계 유일의 표본으로, 100여 년 전 미국의 박물관에 전시되었다는 점은 매우 자랑스럽고도 흥미로운 역사적 사실이다. 이에 울산광역시는 그의 방문 100주년을 기념해 지난 2011년 5월 울산 장생포 고래문화광장에 그의 흉상 제막식을 가졌다.

만약 앤드류스 박사가 장생포의 귀신고래와 함께 울산의 반구대 암각화를 보았다면, 그 가치와 독창성을 세계에 알렸을 가능성도

로이 채프먼과 귀신고래

충분하다. 그랬다면 반구대 암각화는 다른 나라의 동굴벽화 이상으로 세계적 문화유산으로 자리 잡았을지도 모른다는 상상을 한다.

로이 채프먼 앤드류스에 관한 모든 행적과 저술은 현재 그의 생가인 미국 위스콘신 벨이로트에 남아 있으며 울산의 모습을 담은 기록과 한국 귀신고래 논문도 보존되어 있다.

우리 정부는 귀신고래를 멸종 위기에 처한 국가적 보호 대상 동물로 지정하고, 이를 보호하기 위해 1962년 12월 7일 귀신고래가 회유하는 동해 일원을 천연기념물 제126호로 지정했다.

이후 울산시의 요청에 따라, 문화재청은 천연기념물 제126호의 명칭을 기존의 울산극경회유해면에서 울산귀신고래 회유해면으로 변경했다. 또한, 귀신고래 회유해면의 소재지와 관리 범위를 조정해 강원도와 경상북도뿐만 아니라 울산광역시를 포함하도록 바로잡아 고시했다.

한국계 귀신고래는 여름철에는 먹이가 풍부한 오호츠크 연안에서 먹이활동을 하며, 겨울철에는 따뜻한 온대 해역으로 회유한다. 귀신고래는 매년 11월에서 12월경 울산 앞바다를 지나 남해와 서해, 동중국해에서 번식하고, 이듬해 3월에서 5월경 다시 울산 앞바다를 지나 북쪽으로 이동했다. 하지만 일제강점기 무분별한 포획으로 지금 한반도 바다에서는 귀신고래를 볼 수 없다.

-무분별한 포획으로 멸종 위기

IWC에서는 전 세계 주요 포경 중심국가에서 포획한 고래 종류와 포획 수, 포획해역자료를 수집해 국제 포경 통계자료를 구축하기 시작했다. 1951년 노르웨이 남부 해안도시 오슬로에서 개최된 제27차 국제포경통계회의에서의 통계자료에 따르면, 한반도 연해 특히 동해에 출현하는 고래 가운데 경제적인 면에서 집중적으로 포획된 고래의 종류는 중대형인 흰수염고래(대왕고래), 긴 수염고래, 혹등고래, 보리고래, 향유고래, 귀신고래, 참고래 등 7종이다.

다음은 일제강점기 한국계 귀신고래 포획기록이다.

1910년 6마리 포획기록을 시작으로 1911년 121마리로 급증하고 1912년 193마리의 포획 최고치를 기록한 뒤 1919년까지 1,042마리가 포획됐다.

이후 1920년대에는 1922년 95마리가 최고치로 10년간 395마리가 포획됐다. 1930년대 들어서는 남획의 영향과 러시아의 캄차카반도 연해 포경 재개로 1930년~1933년까지 4년간 29마리 포획에 불과하고 1933년 2마리를 끝으로 보이지 않다가 1942년 단 1마리의 포획기록이 남아 있다.

구룡포 포경에서 기록될만한 사건이 있다. 1947년 12월 24일 구룡포항 강두수의 제9영어호가 39자 약 12m 크기 귀신고래를 포획한 일이다. 몸집이 워낙 큰 고래라 구룡포항에 둘 자리가 없어 구룡포항 남방파제 옆에 있는 수협 탱크 자리쯤 되는 곳에 올렸다.

울산 고래박물관에 게시된 우리나라 귀신고래 발견 포획 수를 보면 1911년부터 1964년까지 총 1,338마리를 포획했다. 이 자료에 따르면 무분별한 포획으로 개체 수가 점점 줄어들어 1933년 한 마리가 포획되고 25년 후인 1958년에 한 마리가 다시 발견, 포획될 때까지 단 한 마리의 귀신고래도 발견되지 않았다고 되어있다. 하지만 이 자료에는 1947년 제9영어호가 포획한 귀신고래 자료는 누락되어 있다. 구룡포 연근해에서 귀신고래를 포획했다는 사실을 입증하는 사진이 있는데, 그래서 그 사진은 가치가 높다고 할 수 있다. 귀신고래는 1964년 5마리를 포획한 기록을 끝으로 과도한 남획의 결과 한국 바다에 더 이상 나타나지 않아 멸종한 것으로 여겨졌다. 그러다 1977년 제6진양호가 동해 어디쯤에서 귀신고래 두 마리를 보았다고 보고했다. 그러나 그 이후 발견조차 되지 않다가 1993년 사할린 연안에서 다시 모습을 드러냈다. 우리나라에서는 보이지 않는 귀신고래는 러시아의 캄차카반도 연안에서 1941년 51마리, 1942년 101마리 1943년 99마리의 귀신고래가 포획되었다는 기록이 있다. 이는 회유남단지역인 울산 연안에 내려오기 전 러시아 베링해역과 캄차카반도 해역에서 남획됐다는 사실을 말해준다.

귀신고래는 해안가에 사는 연안성 고래로 암초가 많은 곳에서 살며 극경 또는 쇠고래라고도 불린다. 우리나라 동해안에 나타나는 귀신고래는 겨울에는 한반도나 일본 앞바다에서 번식하고 여름에는 먹이를 찾아 오호츠크해 북단으로 이동한다.

귀신고래의 몸길이가 평균적으로 15m까지 자란다. 체중은 약 40t이다. 새끼는 출생 때 4.5m로 체중은 500kg 정도다.

몸 전체는 회색, 암회색을 띠며 흰색의 상처 모양이 있다. 몸 표피에는 따개비, 굴 껍데기 등이 부착되어 있고 등지느러미는 뚜렷하지 않고 여러 개의 작은 융기가 꼬리지느러미까지 연결되어 있으며 복부 주름이 없고 길이 1~2m 정도인 2~5개의 깊은 홈이 아래턱에 있다.

몸에 붙은 따개비 등이 많은데 그것이 떨어진 자리의 피부에는 크고 작은 흰 무늬가 생겨 있다.

임신기간은 1년으로 2년마다 규칙적으로 1마리의 새끼를 낳는다. 귀신고래는 멸종 위기에 처한 고래로 국제적 보호를 받고 있다.

귀신고래의 종류는 현재 서북 태평양계군과 동부 태평양계군이 존재한다. 서북 태평양 계군인 한국계 귀신고래(Korea Gray Whale)는 오호츠크해와 우리나라 동해안 그리고 일부 일본 동부 태평양 쪽을 따라 회유한다. 이와 같은 회유 패턴을 가진 한국계 귀신고래와 달리, 동부 태평양계군(캘리포니아계군)은 상업 포경으로 멸종 위기에 처했으나, 현재 약 3만 마리로 개체 수가 회복되며 보호받고 있다. 반면, 서북태평양계군인 한국계 귀신고래는 일본의 남획으로 인해 개체 수가 급감해, 현재 약 160여 마리만 사할린 지역에서 명맥을 유지하고 있다. 이는 심각한 멸종 위기의 현실을 보여준다.

동해안의 한국계 귀신고래는 가족애가 강해 가족 중 한 마리가 잡히면 나머지 식구들이 슬픔에 젖어 그 주변을 떠나지 않았다고 한다. 이런 가족애를 이용해 싹쓸이 조업을 해 1974년 멸종된 것으로 보고된 바 있다. 그래서 귀신고래를 발견해 신고하면 한때는 1천만 원의 포상금을 준다는 광고가 나기도 했다.

　늙은 귀신고래의 꿈

본적은 대한민국 울산 장생포 앞바다.
작살을 피해 오호츠크에 온 지도 벌써 반세기.
함께 온 어른 고래들은 모두 죽어버렸고
새끼 고래였던 친구들도 죽거나 나처럼 늙어버렸다.
바다 위로 숨 쉬러 가기조차 버거운 몸.

더 늦기 전에 고향 장생포 바다로 가고 싶다,
아들과 딸들과
그 아들과 딸들의
아들과 딸을 데리고.
가지 않으면 장생포도 어느 날엔 신화로 남으리라.
육지에서 바다로 왔다던 조상들의 신화처럼.

아름다운 바다, 그리운 바다
작살에 찔려 피 흘릴지라도
가다가 숨이 멎을지라도
죽기 전에 꼭 한번 돌아가야 한다.
가서는 꺼이꺼이 울어보리라.
50년이 넘어 지금에야 돌아왔다고.

내 몸과 뇌에 새겨진 유년의 장생포.
암초에서 피어난 미역과
그 사이를 헤집고 다니던 고기들과
문어와 해삼과 해파리들
물을 마실 때마다 입속으로 몰려오던
플랑크톤의 그 달콤한 맛.
해가 떠오를 때마다 눈부셨던
수평선의 싱싱한 아침 햇살.

꿈속에서 항상 나를 부르는 소리를 듣는다.
어느 시인의 절실한 목소리
내 목소리와 같은
내 그리움과 같은 목청으로
"귀신고래야."

이제는 돌아가 장생포에서 쉬고 싶다.

-울산시인 윤창영

울산에 사는 많은 시민은 귀신고래가 다시 오기를 기다리고 있으며, 예술인들은 귀신고래를 문학이나 그림, 연극 등의 주제와 소재로 활용하고 있다.

제2장

포경선의 조업방법과 고래 잔혹사

엔진과 포경 작살포 이야기

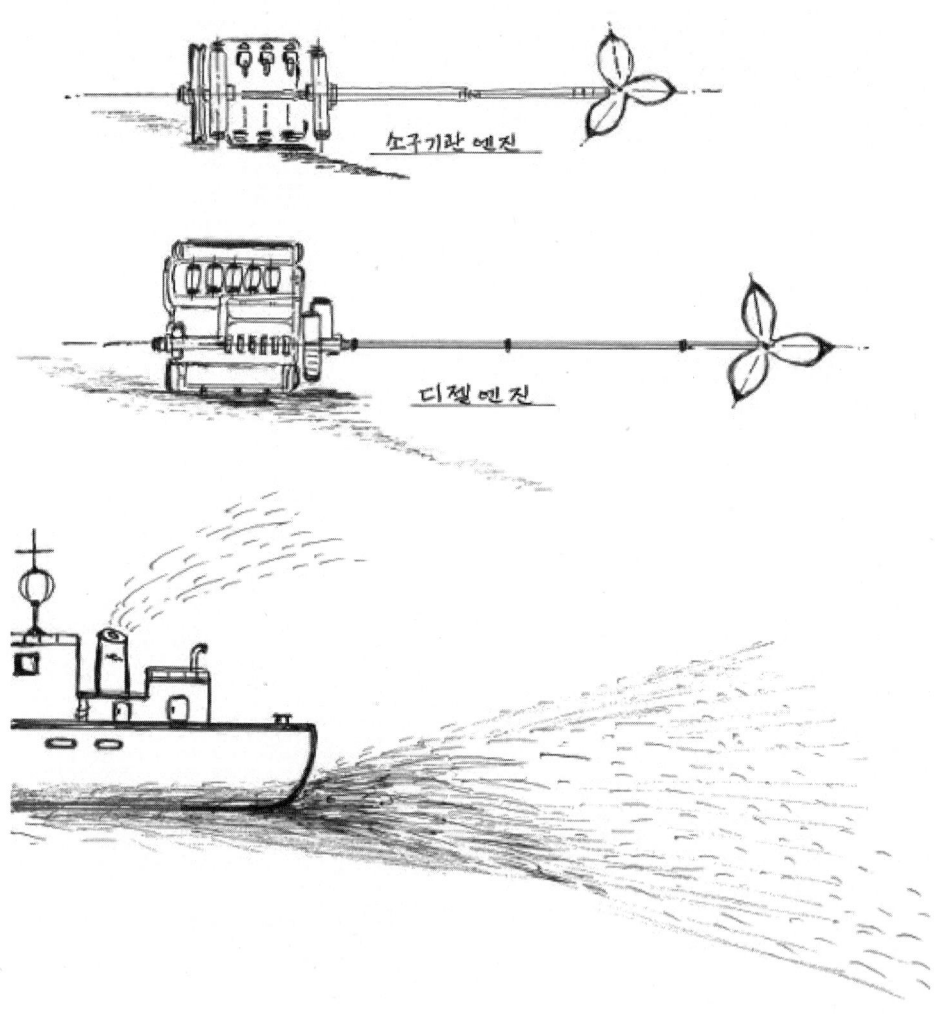

-포경선의 엔진

 포경선의 엔진은 여타 어선에 비해 중요한 역할을 하며, 특히 고래를 발견하고 추격하는 과정에서 빠른 기동력과 배를 재빨리 돌릴 수 있도록 키의 성능을 높이는 등 속도가 중요한 요소이다. 따라서 포경선의 엔진을 다루는 기관사의 역할은 매우 중요하다. 초창기 한반도 포경선은 대부분 목선이었으며, 당시 사용되던 엔진은 현재와 같은 디젤 엔진이 아니라 소구기관 엔진, 일명 '야끼다마' 엔진이었다.

소구기관(야끼다마 엔진)의 특징

 작동 원리: 시동 전 연소실 내의 헤드 부분에 있는 열구(熱球)를 토치로 가열하여 뜨겁게 만든다. 이후 실린더의 압축 과정에서 뜨거운 열구에 연료를 분사하면 자연 발화하여 폭발이 일어나며, 이로써 엔진이 구동된다. 엔진이 작동하면서 발생하는 열로 열구는 지속해서 가열되어 연속적인 작동이 가능하다.
 연료 사용: 등유, 중유, 폐엔진오일 등 다양한 저급 연료를 사용할 수 있어 경제적이다. 심지어 콩기름과 같은 식물성 기름으로도 작동할 수 있다.
 구조 및 유지보수: 구조가 간단하고 제작이 쉬우며, 운전도 비교

적 쉬운 편이다. 저속 운전에 적합하며, 장시간 운전에도 견딜 수 있는 내구성을 지니고 있다.

소형 목선에서의 활용: 과거 소형 목선에서는 이러한 소구기관이 널리 사용되었다. 특히 어선이나 작은 운반선에서 주로 사용되었으며, 시동 시 열구를 가열하는 과정이 필요했다. 또한, 역회전이 가능하여 후진 시 엔진을 잠시 정지시키고 역회전을 통해 추진하는 방식도 사용되었다.

하지만 현재는 배기가스 규제 때문에 상업용으로는 사용되지 않는다. 그럼에도 불구하고, 이 엔진의 구조가 매우 단순하여 고장이 잘 나지 않으며, 100년이 넘은 엔진도 조금만 손보면 여전히 잘 작동하는 점은 이 엔진의 큰 매력 중 하나다. 이 엔진은 1886년에 처음 개발되었으며, 오랜 시간 동안 그 특유의 내구성 덕분에 많은 사랑을 받아왔다.

'야끼다마' 엔진은 한반도 근해에서 조업한 포경선뿐만 아니라 일반 어선에도 사용되었다. 초창기에는 대부분 소구기관 엔진이 사용되었으며, 철선 포경선의 등장과 맞물려 1960년대 중후부터 퇴출되기 시작했다.

철선 포경선은 450마력의 위용을 갖춘 디젤 엔진을 달고 나와 포경선의 엔진 변화에 큰 획을 그었다. 포경선의 엔진성능은 고래를 발견하고 포획하기까지 중요한 역할을 한다. 고래를 추격하는 포경선, 이때 도망가는 고래의 속도는 19~20노트 정도다. 포경선이 디젤 엔진 450마력을 갖추고 있다면 보통 19노트의 속력이 나온다.

처음에는 멀리 있던 고래도 도망을 치다 보면 점점 힘이 빠지고 숨이 차 물 밖으로 나오는 횟수가 많아진다. 이때 고래는 포경선과 점차 가까워지고, 마침내 포경선의 작살포 사정거리 안에 들어오게 된다. 포수는 작살포를 발사해 고래의 몸에 명중시키는데, 이 순간의 과정은 작살포를 발사하기 직전 포경선의 엔진 마력수와 밀접한 관계가 있다.

마력수가 낮은 엔진을 달고 있다면 고래를 쫓는 중일 뿐, 언제 작살포를 발사할지 모르는 상황이다. 이러한 관점에서 보면, 고래를 발견하고 포획하는 데 시간이 많이 소요됐을 것으로 보이는 구형 소구기관 엔진(일명: 야끼다마)을 달고 다니던 목선 포경선의 경우, 효율성이 떨어졌다.

그러나 포경선의 엔진 변화 과정에서 디젤 엔진은 고래 포획에 중대한 역할을 하였고, 동시에 고래 포획 수의 증가를 가져왔다.

-작살포

포경선의 출항은 희망과 설렘을 안고 있지만, 그 핵심은 큰 고래를 잡아 만선 깃발을 달고 고동소리를 울리며 항구에 입항하는 데 있다. 큰 고래를 포획하려면 중요한 것이 있는데, 바로 포경선에 달린 작살포이다. 포경선 앞머리 선수에 달린 포경 작살포는 큰

고래잡이 작살포

변화 없이 유지됐다. 포경선에 달린 작살포의 크기는 50mm에서

90mm까지 다양하며, 작살포의 크기에 따라 잡는 고래의 크기도 달라진다. 포의 크기가 작으면 주로 작은 고래를 포획하는 데 사용되었고, 포의 크기가 클수록 대형고래를 포획하는 데 사용되었다.

50mm 작살포는 초창기 구룡포 목선에서 사용되었으며, 주로 작은 고래인 밍크고래를 포획하는 데 사용되었다. 60mm 작살포도 있었지만, 70mm 작살포가 가장 많이 사용되었다. 이 크기는 작은 고래와 큰 고래 모두 포획할 수 있는 전천후용으로, 초창기 일본에서 쓰던 작살포를 부산에서 수리하여 사용했다고 전해진다. 80mm 작살포는 울산의 공업사에서 제작되었으며, 대형고래를 포획할 때 사용되었다. 90mm 작살포는 이승만 대통령 당시 일본 포경선에서 압수한 것이며, 초창기에 사용되었던 것으로 알려져 있다.

이처럼 작살포는 크기에 따라 용도가 달라지는 포경선의 핵심적인 설비이다. 포수는 작살포 뒤에 튼튼한 줄을 길게 달고, 이를 쏴서 고래의 몸에 명중시킨다. 줄의 길이는 작살포의 크기에 따라 다르게 사용되며, 예를 들어 50mm 포는 줄 길이가 40m, 70mm 포는 50m, 90mm 포는 60m이다. 포수는 고래와 포의 가늠자가 일직선일 때 포를 발사한다.

작살포가 발사된 후, 포 뒤에 길게 달린 로프 줄이 엉키지 않고 잘 풀리도록 돕는 둥근 모양의 원통이 있다. 이 원통은 작살포가 세팅된 밑바닥에 있으며, 낮은 턱을 가진 평평한 원통 형태다. 이 원통

고래잡이용 작살

은 로프 줄을 잘 보이게 노출 상태로 둥글게 말아 담을 수 있다. 다시 말해, 작살포와 길게 달린 로프 줄, 그리고 밑바닥에 낮은 턱이 있는 원통은 하나의 세트로, 30도 기울어진 상태이다.

고래를 잡는 데 사용된 포경선의 작살포에는 화약이 필요했는데, 초창기에는 아무나 다룰 수 없었다. 화약과 관련된 한 토막의 이야기가 전해지고 있다.

포경선 선주는 출항 시 총포화약 취급 면허를 가진 사람이 필요했다. 포경선이 바다로 조업을 나가려면, 포경포의 화약을 경찰서(울산 장생포지서, 방어진지서)에서 총포화약 취급 허가를 가진 사람만 다룰 수 있었다. 조업 시간이 한시라도 급박한 상황에서, 방어진 포경선 선주 백만술은 화약 수급에 어려움을 겪고 있었다. 그러던 중 우연히 동부 초등학교(화진초교 전신)에서 근무하는 김이국 선생이 화약 취급 면허가 있다는 소문을 듣고, 학교로 찾아갔다.

김이국 선생의 교실로 찾아가 "김 선생님, 나 좀 봅시다"라고 말한 후, 교실 밖으로 나와서는

"오늘부터 선생 일은 그만두고 우리 회사의 화약 주임으로 근무

해 주시오. 급여는 선생님이 받는 월급의 두 배를 드리겠습니다."

라고 제안했다. 김이국 선생은 마다할 이유가 없었고, 그날 이후로 방어진 백만술 회사에서 화약 주임이 되어 최대의 대우를 받았다. 이와 같은 이야기는 포경선의 작살포와 같은 고도의 기술과 장비가 필요했던 당시의 상황을 잘 보여주며, 그만큼 숙련된 전문가의 역할이 중요했음을 알 수 있다.

당시 부산 공업고등학교(부산공전 전신)는 일본인들이 설립한 교육기관으로, 필요한 기술들을 배우는 인재 양성을 목표로 했다. 이 학교에서 김이국은 입학시험을 1등으로 통과하고 수석으로 졸업한 엘리트였지만, 해방 후에는 마땅히 취직할 자리가 없어 고향인 울산 동구에서 초등학교에 근무하게 되었다. 그러나 그를 발굴해 적재적소에 앉힌 인물은 바로 백만술이었고, 백만술은 방어진의 백만 장자였다.

김이국의 입사로 그동안 원활하게 수급되지 않던 총포화약의 취급이 쉬워지면서, 울산 장생포의 포경선단보다 한발 앞서 탐경에 나설 수 있게 되었다. 당시 백만술과 백상건이 거느린 포경선은 7척이었고, 선명을 보면 구득호, 대동호, 청진호, 형제호, 삼해호, 정흥호, 백경호가 있었다.

이처럼 큰 고래를 잡기 위해서는 작살포가 포경선의 핵심 설비라고 해도 과언이 아니다. 그러나 초기에는 작살포 제작에 어려움이 많았다. 포경포 세트를 만들 수 있는 기술이 부족했기 때문이다.

우리나라에서 개인적으로 포경포를 처음 만든 사람은 양원호이다. 경북 영덕에서 철공소를 운영하던 양원호는 해방 후 고향인 울산 장생포로 돌아와 고래잡이를 하려 했지만, 포경포를 만드는 데 어려움을 겪고 있음을 알게 되었다. 그래서 그는 직접 공업사를 차리고, 가장 많이 사용되는 사이즈인 70mm 사제 포경포를 제작하였으며, 뇌관이 포함된 본체 케이스는 일본인이 사용하던 것을 재활용하여 포경 작살포 세트를 완성했다.

포경선의 선주들은 명중률이 높고 성능이 우수한 포를 원했다. 장생포 앞바다에서 실험을 진행했는데, 약 2m 크기의 나무 상자를 띄워 놓고 화약을 장전한 후 방아쇠를 당겼다. 포는 약 50m를 날아가 전방의 목표물에 명중했고, 삼각형으로 포의 날개 비늘이 벌어졌다. 이 실험의 성공으로 국산 포의 우수성을 인정받았고, 양원호표 작살대포라는 상표가 붙어 국내외 포경업계에 이름을 떨쳤다.

포는 대략 50m 정도를 날아가도록 설계되었으며, 그에 맞춰 줄의 길이도 조정되었다. 때에 따라 사거리에 맞춰 줄을 조정하기도 했다. 포경선의 선체와 엔진, 사용 기기들이 발전하고 변화했음에도 불구하고, 포경 작살포만큼은 양원호 포가 변함없이 사용되었다.

고래가 포에 맞으면 줄을 풀어주는데 약 1,400m 정도 줄이 풀려 나간다. 놀란 고래는 전속력으로 달아나는데 포경선이 후진기어를 넣어도 고래에 끌려다닌다. 그러다 고래가 힘이 빠지면 다가가서 재빨리 포경선의 옆구리에 차고 항구로 끌고 온다.

포경선의 조업 방법 및 실태

근대포경은 크게 노르웨이식과 미국식으로 나뉘어 있다. 현대인이 포경하면 떠올리는 것은 포경선의 뱃머리에 달린 포경용 작살포로 고래를 쏘아 잡는 데 노르웨이식 방법이다.

미국식 포경은 포경선이 모선 역할을 하고 다수의 포경정을 띄어 쫓아가 작살잡이가 작살을 던져 고래를 잡는 방식이다.

세계 포경업의 선구자는 노르웨이다. 일본이 그것을 배웠고 우리가 그걸 다시 또 배웠다. 그래서 포경선에서 사용하는 언어는 일본어를 많이 쓰고 영어도 좀 섞여 있다. 결론적으로 한국도 노르웨이 방식을 사용했다.

포경선은 무리를 지어서 다니지 않고 단독으로 움직이며 새벽에 출항해서 해가 지기 전까지 고래를 찾아다닌다. 고래를 찾기 위해 망루에 올라가 바다를 살피는 데 불과 몇 초 사이에 고래가 나타났다 사라지기에 정신을 바짝 차리고 바다를 살펴야 한다.

이처럼 포경선은 고래를 찾아 조업하는데 그 방법에는 비교적 가까운 거리에 나가서 조업하고 해 질 무렵 돌아오는 당일 조업 방법과 아예 멀리까지 가서 그곳에서 2~3개월 정도 조업을 하다 돌아오는 원거리 조업이 있다.

당일 조업은 주로 소형 목선으로 동해 쪽에서 조업했던 방법으로 주로 포항, 구룡포, 방어진항 소속의 포경선이 많이 택했다.

특히 포항, 구룡포항 소속 포경선은 15t, 30t 정도 되는 작은 목선으로 멀리 갈 수 없는 형편으로 근해 연안에서 주로 작은 고래만 잡았다. 큰 고래는 대왕고래, 참고래, 귀신고래 등이 있었는데 고래 취급도 안 했던 밍크고래를 주로 잡았다. 멀리 간다면 죽변, 주문진 정도였다.

그에 비해 방어진항은 사정이 좀 나은 편이었다. 50톤급 목선으로 큰 고래, 작은 고래, 구분 없이 발견만 되면 포획했으며 그중 일부는 원거리 조업에 나서기도 했다. 이렇게 일부의 포경선들이 원거리 조업에 나서고부터 얼마 후 철선 포경선이 등장했으며 곧이어 장생포 포경선들이 대거 원거리 포경에 앞장서게 된다.

원거리 포경 조업에 나서는 이유는 월별, 계절별로 고래가 유영해 노는 바다가 다르기 때문이다. 가령 울산 장생포 기지에서는 겨울이 끝날 무렵 초봄쯤 타 기지로 원정조업을 나서는데 서해 흑산도, 어청도 기지에는 초봄인 2월 말부터 고래의 회유가 많아지면서 포경선들은 그곳으로 원정조업을 갔다. 그곳에서 2~3개월 정도 조업을 하다가 다시 5~6월이 되면 울산 장생포 기지로 돌아왔다. 5~6월이 되면 울산 동해 쪽으로 고래의 회유가 시작되기 때문이다. 6월에는 참고래(나가수)가 많이 잡혔다.

　이렇게 동해안의 포경은 5월부터 시작해서 늦은 가을인 11월까지 조업하다 11월 말 12월 초부터는 아예 고래의 회유가 없다. 고래는 계절 따라 서해로 갔다가 다시 동해로 이동하다 보니 장생포 기지의 포경선들은 고래가 회유해 돌아오는 5월 초까지 기다리고 놀 수는 없었다.

　2월 초 3월 초가 돌아오기 전 잠시 한두 달은 그동안 미루어 오던 선박 수리와 엔진 점검을, 일부 오래된 배는 페인트 도색까지 마치면서 2월 말 원정조업에 차질이 없게 미리 준비했다. 이러한 방식으로 한반도 포경의 한해 조업시작과 끝이 종료되면서 또 다음 해를 맞이한다. 첫 출항지역이 서해(흑산도, 어청도) 쪽의 원거리 조업이다. 또 가끔 대청도와 중국 대련까지 가서 조업하는 예도 있다.

　다음 이야기는 원거리 조업에 갔다 온 이야기다. 하루 이틀도 아닌 2~3개월 동안 객지로 돈 벌러 가는 일인데 가서 조업을 하다 보면 고래를 잡는 날도 있고 또 날씨가 안 좋은 궂은날이면 항구 근처 술집을 배회하게 된다. 아니면 그동안 밀린 빨랫감을 처리하면서 출항을 기다리기도 했다.

　고래잡이배 선원들은 돈도 많이 벌고 고급 선원이라 신사복을 입고 다닐 정도였다. 어청도나 흑산도에 외상 거래하던 집들이 있었는데 계절이 바뀌면 포경선 선원들이 울산 장생포로 철수하게 되는데 이때 술집 주인들은 장생포로 와서 외상값을 받아 가는 모습이 흔했다고 한다.

그리고 원정조업을 다녀온 포경선 선원들은 2~3개월 만에 귀가하는데 돌아올 때는 꼭 고래고기를 몇 뭉치를 갖고 돌아왔다고 한다.

선원 중에는 아직 장가를 못 간 총각 선원도 있었는데 그 총각 선원은 자기 몫의 고래고기로 짭짤한 부수입이 생겨 얼굴에 생기가 넘쳤다.

그때가 1970년 중반쯤으로 포경선의 최고 좋은 시절이었다. 철선 포경선이 막 등장할 때라서 철선 포경선이 인기가 좋을 때다. 목선을 타던 선원들이 철선 포경선을 타려고 줄을 서서 대기하고 있던 시절이었다.

그 시절에 돈을 만진 사람이 있다. 장생포 출신으로 포경업으로 돈을 많이 벌었던 사람이 백용주였다. 백씨는 좀 늦게 뛰어들었다. 60년대 중반쯤 장생포를 무대로 포경업을 시작했는데 처음에는 돈이 없어 목선으로 고래를 잡았다. 사업번창으로 철선 2척을 사들여 돈을 많이 벌어 울산 시내 시청 옆 큰 빌딩을 건립했다.

근해에서 조업했던 포경선 이름을 찾아서

한반도 근대, 근해에서 조업했던 포경선 이름을 찾아서 가보자. 근대 포경의 첫 신호 첫 조업을 시작했던 포경선은 우리 포경선이 아닌 서양인들의 포경선이었다.

한반도에 최초 출현한 포경선은 1848년 미국 포경선이다. 동해에 출현한 미국 포경선은 동해를 자기 집 안방처럼 휘젓고 다니며 조업했다. 이후 1880년 러시아의 포경선이 동해에 출현해 불법 포경하다 여러 정황을 살핀 다음 1899년 대한 제국 당국으로부터 정식을 포경허가권을 받아 조업을 시작하였다. 바로 뒤를 이어 일본이 1900년 대한제국 당국으로부터 영해내 포경 특허권을 받아 동해에 들어와 포경을 시작하게 된다.

이어 벌어진 러일전쟁(1904~1905년)에서 일본의 승전으로 그동안 러시아인들이 세워놓은 한반도의 포경기지와 포경허가권도 모두 일본으로 넘어갔으며, 일제 강점기가 끝날 때까지 한반도의 포경업은 한반도의 포경업을 독점하고 동해 쪽으로 울산 장생포를 중심 포경기지로 삼았고 서남해쪽으로는 제주 서귀포 기지, 흑산도 기지, 전북 군산 어청도 기지, 황해도쪽 대청도 기지 등으로 포경기지를 확대 축조해놓고 무분별하게 한반도의 고래를 포획해 갔다.

당시 일본은 대형선단을 이끌면서 수십 척의 포경선을 운용했지만, 고작 한국인에게는 총 12척만 조업할 수 있게 묶어두고 제한 포경만 허용했다. 이것이 일제 강점기 때 한국 포경업의 단면이라고 할 수 있다.

우리나라가 독자적으로 상업 포경에 나선 것은 1945년 일본의 패망으로 일본인이 모두가 본국으로 돌아간 뒤부터이다.

이때부터 한국인들 스스로 포경을 하게 되는데, 이때 설립한 최초의 포경회사는 한국인이 공동 출자하여 설립된 조선포경(주)이다. 일본 포경선에서 조업했던 경험이 있던 자로서 한국인 종업원들에 대한 체불임금과 퇴직금 몫으로 일본수산(주)으로부터 양도받아 울산 장생포항을 중심으로 조업을 시작했다. 이때 받은 배가 50톤급 목선 2척이며, 선명이 제 6,7정해환호이다.

이때가 1946년 4월 16일이며 그 중심인물이 김옥창이다. 이렇게 한반도 포경업의 역사적 흐름이 숨가쁘게 지나갈 때쯤 동해안의 포항, 구룡포, 방어진에서도 보잘 것 없는 작은 목선이지만 하나, 둘 포경선이 꿈틀대면서 건조되었다. 1935년에 건조한 제 9영어호가 있으며, 이후 1953년 건조된 제13영어호가 있다. 두 척 모두 구룡

포항 소속으로 근해에서 조업했던 포경선이다.

비슷한 시기 포항소속 해덕호가 있다. 해덕호는 1950년대 말에 영어호는 1970년초에 각각 퇴출되었고 그 외 구룡포항에는 해승호와 주길호가 새롭게 등장해 1970년대말까지 조업을 이어갔다.

1945년 후반 방어진항 소속의 포경선은 청진호가 있으며, 1950년대 초반에 어성호가 생겼다. 어성호는 원래 방어진 수산학교(방어진 중학교 전신)의 실습선이었는데 개조해 포경선으로 사용한 목선이다.

이후 청진호와 어성호가 너무 낡아서 퇴출이 되자 1960년에 정식 설계해 건조된 목선이 등장하게 된다. 선주는 큰 잔치를 벌였다

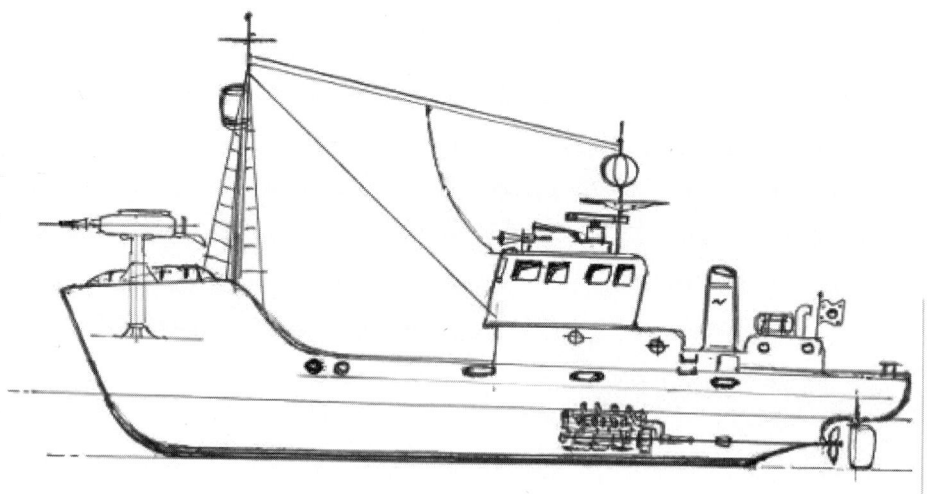

철선 포경선 측면

고 하는데 이 배가 방어진항 소속의 정흥호다. 그쯤 활약한 선명을 보면 고려호, 구득호, 두산호, 삼해호, 백경호가 있다. 이와 같이 초창기 근해에서 조업했던 포경선의 선체는 거의 대부분이 목선이었

동방수산(주) 소속
최초의 철선 3척

다. 그런 가운데 포경업이 조금씩 발전하면서 동해의 포경기지들이 재편하게 되는데 구룡포쪽으로 그 중심이 이동하게 된다.

동시에 포항의 포경선은 역사속으로 사라지게 된다.

힘을 받던 구룡포 기지는 1950년대와 1960년대초까지는 그 명성을 날리다 방어진에 밀리고 한때는 방어진이 장생포를 능가할 정도였으나 결국에는 방어진도 장생포에 밀리게 되었다.

이렇게 울산 장생포 기지는 동해의 포경 중심 기지로 자리매김되고 그 동안 우리가 갖고 싶었던 철선 포경신이 등장하게 된다.

이어서 1969년 6월에는 동방수산(주)에서 제1동방호, 제3동방호, 제5동방호가 새롭게 등장하는데 세 척 모두 철선으로 81.9톤급으로 엔진은 450마력의 위용을 갖추고 있었다. 바로 이 배가 한반도 최신 철선 포경선이라고 말할 수 있다. 당시 이 배들은 울산 쪽이 아닌 인천 쪽에서 건조되어 온 것으로 울산 쪽의 선주들은 크게 놀라워했다고 한다.

포경업이 돈벌이가 된다는 소문을 듣고 수산업 분야 회사들이 돈보따리를 싸 들고 울산 장생포로 몰려오면서 장생포의 위상은 하늘을 찔렀다.

1962년 포경선이 15척으로 집계되었고 1966년 말에는 29척으로 한반도 포경선의 수적으로 피크를 맞이하게 된다. 이후 1970년대 들어오면서 경쟁하듯 앞다투어 철선 포경선을 건조했는데 이때 건조돼 등장한 포경선이 태원호, 천조호, 진양호, 청구호 등이 있다. 1977년에 건조된 제6진양호는 지금도 울산 장생포 고래 박물관 앞에 전시되어 관광객을 맞이하고 있다.

포경업이 끝나갈 무렵인 1985년 그때 당시 울산 포경선은 모두 21척이고 제7홍안호가 폐선 처리되고 제7청구호가 등장했다. 가장 큰 포경선은 태원호와 제5진양호였고 규모가 적은 배는 구득호, 가장 오래된 포경선은 제6용운호가 있었다.

이와 같이 포경선들이 한반도 근해에서 조업하며 깃발을 날렸던 포경선들이다.

※참고사항

우리나라 포경선의 크기 토막 이야기

포경선 수가 가장 많았던 1966년에는 총 29척이 있었는데, 평균 크기가 55t이었다. 대부분이 50t에서 80t 범주에 있었다.

특이한 점이 있었다면 경북인 포항, 구룡포 쪽의 포경선은 20~30t 급으로 아주 작은 소형목선으로 조업을 했다.

시간이 조금 더 지나서 1970년대 중반까지 우리의 포경선 선주들이 앞 다투어 건조했던 철선 포경선은 여러 척이 등장했는데, 대표적으로 동방호, 백경호, 진양호, 태원호, 청구호 등이 건조되었다. 그중에서 가장 큰 포경선이 태원호와 제5진양호였는데 보두 다 98t급으로 건조되었다.

이후 포경선의 척 수는 감소하였고 크기는 증가되었지만, 1985년 포경이 끝날 때까지 우리나라 포경선은 100t급을 넘는 포경선은 건조되지 않았다.

고래 종류와 특성

IWC의 결의로 1980년부터 각국의 쿼터에 따라 포경을 하게 되는데 한국은 5년간(1980~1984년) 밍크고래 3,634두 연간 최대포획 두수는 940두 브라이드고래는 1982년까지 연간 18두 1983년까지 10두 1984년 이후부터는 잡을 수 없다는 쿼터를 받았다. 결국은 1986년부터는 과학적 조사 목적 외에는 고래를 잡을 수 없게 되었다.

이렇게 한반도 근해 포경의 연도별 고래 포획 두수 현황 기록이 일부분은 남아 있지만 포획 두수 기록에 앞서 전 세계적으로 멸종 위기에 처한 대형고래 종에 대한 것도 살펴본 후 연도별 포획 두수 기록에 관해 이야기를 하면 어떨까.

먼저 멸종 위기에 처해 국제적 보호를 받는 대형고래는 대왕고래(흰수염 고래), 참고래, 귀신고래, 향유고래, 범고래 등 현재 10여 종이다.

물 위에서 숨을 쉬는 고래의 콧구멍은 다른 포유류와는 달리 머리의 앞부분에 있지 않고 뒷부분에 있다. 그 이유는 어류처럼 아가미가 있어 물에서 호흡할 수 있는 것이 아니라 물 위에서 숨을 쉬어야 하기 때문이다.

물속에서 숨을 참았다가 물 위에 호흡하기 위해 나오면서 물이 분수처럼 솟아오르기 때문에 콧구멍의 이름을 분수공이라 한다.

분수가 나오는 모양을 보고 어느 고래인지 구분할 수가 있을 정도이다. 고래는 전 세계적으로 90여 종이 있으며 크기도 다양하다. 일반적으로 몸길이가 4m 이상인 것을 고래(Whale)로 그 이하를 돌고래(Dolphin)로 분류한다.

북태평양에 사는 고래들이 북극에서 여름을 나고 추운 겨울이 되면 한반도 동해안으로 내려와 새끼를 낳는다. 그래서 우리가 흔히 보는 돌고래뿐만 아니라 깊은 바다에 사는 몸집 큰 고래들도 연안에서 볼 수 있다. 알래스카가 주 서식지인 혹등고래, 상어와 작은 고래까지 잡아먹는 바다의 지배자 범고래도 동해안이 주 활동 무대이다.

전문가들은 우리나라 동해와 서해는 전 대양의 축소판이라 할 정도로 난류와 한류가 만나 풍성한 어장이 형성되어서 고래들이 좋아하는 먹이가 많이 분포하기 때문에 고래가 많이 살고 있다고 말한다.

-고래의 특성과 지능

고래는 지구상에서 가장 크고 독특한 동물 중 하나로, 신체적 특징과 고도의 지능 등 다양한 면에서 흥미로운 점들을 가지고 있다. 고래는 해양 생태계에서 중요한 역할을 하며, 생물학적 특성과 행동 면에서 깊이 연구되고 있는 동물이다.

1. 고래의 주요 특징

(1) 거대한 크기와 구조

고래는 세계에서 가장 큰 동물로 알려진 대왕고래(Blue Whale)를 포함하여, 대형 해양 포유류에 속한다. 대왕고래는 길이가 최대 30m, 무게는 약 200t에 달하며, 그 심장은 자동차 크기만 하다. 이처럼 거대한 크기는 포식자로부터의 보호와 해양 생태계의 다양한 환경에서 생존하는 데 유리하다.

(2) 지방층

고래는 두꺼운 지방층(blubber)을 가지고 있으며, 이는 다음과 같은 역할을 한다. 첫째, 부력으로 물에서 몸을 띄우고 움직이는 데 도움이 된다. 둘째, 차가운 해양 환경에서 체온을 유지하는 데 효과적이다. 셋째, 음식이 부족한 시기에 지방층을 에너지원으로 사용한다.

2. 고래의 지능

고래는 생물학적 특징뿐 아니라, 인지 능력과 사회적 행동 면에서도 뛰어난 동물이다.

(1) 큰 뇌와 고도화된 인지 능력

고래는 인간과 비슷하거나 더 큰 뇌를 가지고 있으며, 뇌의 구조가 고도로 발달하여 있다. 고래의 대뇌 피질과 뉴런의 밀도는 감정, 문제 해결, 사회적 상호작용을 포함한 고차원적인 사고를 가능하게 한다. 일부 연구에 따르면, 고래는 자기 인식(거울 테스트 통과), 도구 사용, 그리고 학습된 행동을 다른 고래에게 전수하는 능력을 갖추고 있다고 한다.

(2) 복잡한 사회구조

범고래(Orca)는 가족 단위로 구성된 모계 사회를 형성하며, 집단마다 독특한 행동 패턴과 "방언"에 해당하는 발성을 한다. 이러한 사회구조는 인간처럼 특정 문화적 행동을 보여주며, 집단 내 의사소통과 협동적 사냥을 가능하게 한다.

범고래

(3) 정교한 의사소통

고래는 다양한 방식으로 의사소통하며, 이는 인간 언어와 비교될 정도로 정교하다.

발성 소리: 고주파 음파를 사용하여 서로 정보를 교환한다. 이는 위치 탐지, 먹이 탐색, 의사소통의 도구로 활용된다.

몸동작: 수면 위로 뛰어오르거나 꼬리를 물에 치는 행동으로 집단 내 신호를 전달한다.

노래: 특히 혹등고래는 복잡한 "고래 노래"를 부르며, 이는 짝짓기와 관련된 행동으로 알려져 있다.

-고래의 구분

고래는 먹이를 먹는 방식과 치아의 구조에 따라 두 가지 주요 그룹으로 나뉜다. 수염고래(Baleen Whales)와 이빨고래(Toothed Whales)다.

수염고래는 고래 수염판을 가진 고래로 작은 해양생물(플랑크톤, 크릴)을 걸러 먹는다. 대표적으로 대왕고래, 혹등고래. 참고래가 있다.

대왕고래는 지구상에서 가장 큰 동물 중 하나다. 수명이 약 100

년 이상으로 매우 길고, 이빨 대신 고래수염이 있어 이를 이용해 먹이를 걸러 먹는다. 대왕고래는 주로 북극과 남극을 오가며 먹이를 찾고, 전 세계 바다에서 발견되지만, 개체 수가 많이 줄어서 현재는 국제적으로 보호받고 있다. 이 고래는 몸집이 가장 큰 고래로, 버스 3대를 일렬로 세운 크기와 비슷하다.

혹등고래는 몸길이 12~16m, 무게 약 25~30톤에 이르는 대형 수염고래로, 긴 가슴지느러미와 독특한 등지느러미가 특징이다. 전 세계 바다에 서식하며, 여름에는 극지방에서 먹이를 먹고 겨울에는 열대 지역으로 이동해 번식한다. 크릴새우와 작은 물고기를 먹으며, '거품망 사냥'과 같은 독특한 먹이잡이 방식과 뛰어오르기, 노래 부르기 등 다채로운 행동으로 유명하다. 과거 포경으로 위협받았으나 현재는 보호를 받아 일부 개체군이 회복되고 있다.

참고래는 몸길이 약 20m, 몸무게 약 80t 정도로, 대왕고래보다는 작은 크기를 가지고 있다. 참고래의 등은 검은색이나 짙은 회색, 배 쪽은 흰색 무늬가 있어 매우 특징적이다. 이 고래는 주로 작은 물고기나 오징어를 먹으며, 과거에는 우리나라 연근해에서 자주 볼 수 있었지만, 과도한 포획으로 개체 수가 급감했다. 1970년쯤엔 멸종 위기에 처했고, 이후 포경이 금지되었지만, 여전히 드물게 발견된다.

이빨고래는 이름 그대로 이빨로 먹이를 잡아서 통째로 삼키는 고래들로, 돌고래, 범고래, 향유고래, 귀신고래 등이 대표적인 이빨고래에 속한다.

돌고래

돌고래는 몸길이 1.5~4m 정도의 해양 포유류로, 민첩한 몸과 높은 지능이 특징이다. 전 세계 바다와 일부 강에 서식하며, 주로 물고기와 오징어를 먹는다. 사회적 동물로 무리를 이루어 생활하고, 특유의 초음파와 소리를 이용해 의사소통과 먹이 탐지를 한다. 친근한 성격과 유희적 행동으로 인간과 상호작용이 많으며, 환경오염과 혼획이 주요 위협 요인으로 꼽힌다.

범고래는 무리를 이루어 효율적으로 사냥을 한다. 다양한 먹이를 먹으며, 때로는 고래를 사냥하기도 한다. 강한 사회적 유대를 형성하며, 서로 협력하여 먹이를 찾는다. 범고래는 우리가 흔히 알고 있는 고래의 모습인데 등 쪽은 검은색이고 배 쪽은 흰색이며 눈 위에 삼각형 모양의 흰색 무늬가 있다. 몸길이 7~10m 몸무게 7~10t 정도이다. 지능이 높고 사냥 능력이 뛰어나 바다의 왕이라고 부른다. 범고래의 수명은 암컷이 50년, 수컷이 30년 정도 된다.

향유고래는 이빨고래 중에서 가장 큰 고래로, 몸길이가 약 20m

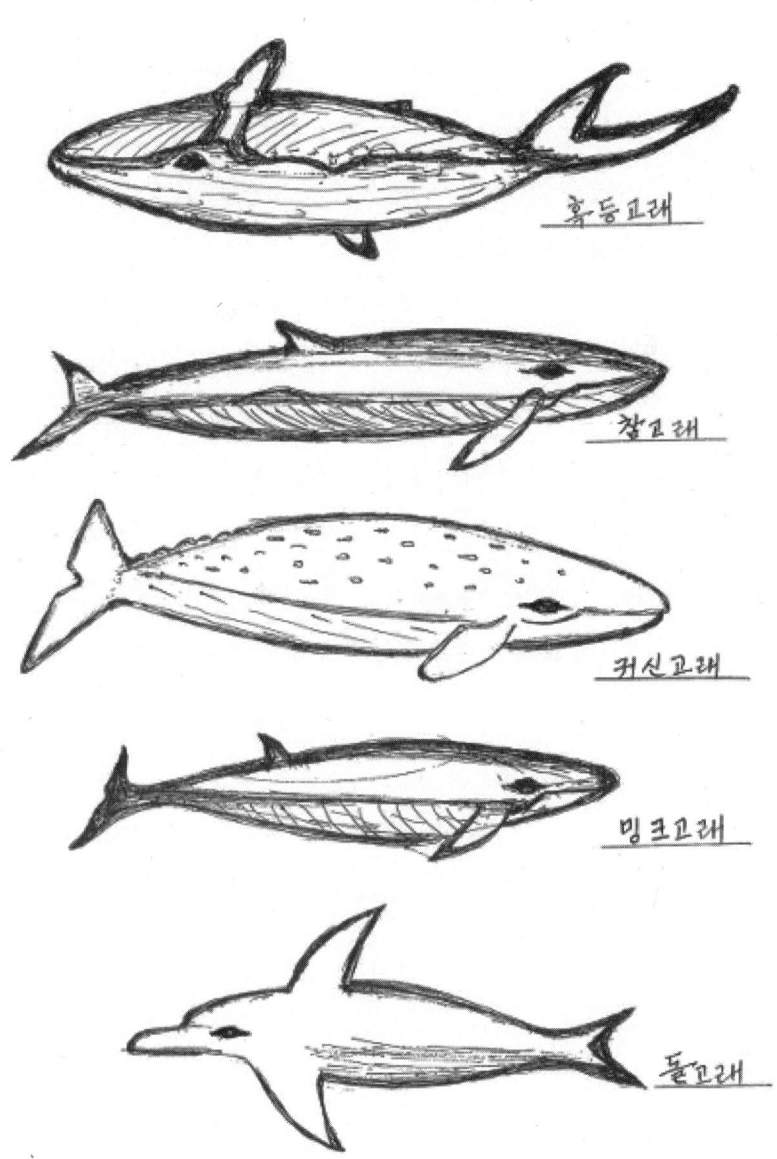

정도 되고, 70t 이상의 몸무게를 자랑한다. 향유고래는 머리가 크고, 주둥이가 길고 뾰족하며, 향유라는 기름을 분비하는 특이한 특징을 가지고 있다. 향유는 향수나 화장품의 원료로 사용되기도 한다. 향유고래는 수심이 깊은 곳에서 주로 먹이를 찾으며, 수명은 약 70년 정도로 알려져 있다.

귀신고래는 이빨고래에 속하는 고래로, 몸길이가 약 12~14m로, 일부는 18m에 달한다. 귀신고래는 이빨고래 특유의 이빨을 가지고 있으며, 주로 심해에서 오징어나 물고기를 잡아먹는다. 이 고래는 특히 깊은 바다에서 서식하며, 그 크기나 특징에서 대왕고래와는 다르지만, 이 역시 고래라는 공통점을 가지고 있다. 귀신고래는 소형 고래에 속하지만, 대왕고래나 참고래에 비해 작은 크기에도 불구하고 그만의 독특한 생태적 역할을 수행한다.

고래 잔혹사

고래를 잡아 묶어서 입항하는 모습

고래는 전 세계 바다에 분포되어있는데 갑자기 고래가 급감하는 시기가 찾아왔다. 바로 고래 멸종까지 몰아붙인 지난 1900년대다. 다시 말해 연안 포경으로 고래는 고갈되었고 한발 더 나아가서는 포경기술의 발달과 원정 포경으로 고래는 또 고갈되었다.

인간의 잔혹한 고래 살육사는 대서양에서 태평양, 북극, 남극 순으로 이어졌다. 그리고 대형고래에서 점차 작은 고래 순으로 초토화됐는데 이 기간이 불과 100여 년밖에 걸리지 않았다.

이렇게 점점 멸종으로 이어지면서 더 이상 고래의 안전지대가 없었다. 체온저하를 막기 위해 발달한 고래 몸의 지방층이 스스로를 죽이는 숙명의 덫이었다. 20~30m에 달하는 거구의 몸과 30~50cm 두께로 덮인 지방층은 엄청난 기름을 생산했다.

포경선이 실어 오는 고래기름은 산업혁명의 원동력인 기계를 돌리는 윤활유로 그리고 유럽과 미국의 도시를 밝히는 조명 연료로 날개 돋친 듯 팔려나갔다.

고래는 버릴 것이 없다. 고래수염은 최고급 코르셋과 플라스틱으로 쓰였고 고기와 내장은 식품과 사료가 되었으며 그 외에도 화장품 원료, 장신구, 공예 재료로 요긴하게 사용되었다.

고래가 발견되면 포경선이 달려가고 곧장 작살포를 발사한다. 고래 몸체에 박힌 작살의 촉은 별 모양으로 펼쳐진다. 동시에 황산을 채운 작은 유리병이 깨지면서 폭발이 일어나 고래의 몸체에서 선혈이 솟구친다. 마지막에는 폐에서 피가 터지고 고래가 뿜어내는 거친 숨결이 붉은 물줄기로 솟아오른다.

인간은 이것을 붉은 장미라는 로맨틱한 호칭을 부여하고 동시에 고래가 곧 죽으리라는 것을 안다. 선혈이 바다를 적셔 일대의 수면이 벌겋게 물들 때 포경선이 다가가 죽은 고래의 몸에 공기를 주입하여 물에 띄우고 배에 옮겨 싣는다. 이렇게 잡은 큰 고래는 항구로 가져와 해체하고 작은 고래는 배의 갑판에서 해체한다. 이때 해부사는 달려들어 껍질을 벗겨내고 살덩어리를 잘라서 갑판에 쌓아둔다. 거품이 빠지면 살 조각들을 다시 한차례 얇게 잘라낸다.

이것을 바이블이라는 성스러운 이름으로 부른다. 바이블처럼 얇아야 비계의 용해가 빠르다. 용해소 솥에 들어간 살 조각에서 지방이 녹으면서 나온 기름을 냉각통에 쏟아부은 후 식으면 선창에 적재한다. 향유고래의 경우 또 다른 과정이 하나 더 추가된다. 뼈대에서 비곗덩어리를 모두 떼어 낸 뒤 커다란 식칼로 고래의 창자를 헤집는 일이다. 향유고래의 창자 속에는 값비싼 용연향의 원료인 장결석이 들어있기 때문이다.

세계에서 고래들이 가장 많이 그물에 걸려 죽는 국가는 어디일까. 바로 한국이다. 한반도 해역에서 그물에 우연히 걸려 죽은 고래는 최근 2019년 한해에만 총 1,960마리로 집계되었다. 부끄럽게도 한국은 여전히 그물에 걸려 죽은 고래 숫자가 세계 1위를 차지하고 있다. 안타까운 일이다.

혼획을 줄이지 못하면 고래는 한반도 해역에서 점점 자취를 감출 것이다. 고래 혼획을 줄이기 위한 주무 부처인 해양수산부는 대책을 세워야 한다.

고래 관광선에 올라타 어렵게 목격한 고래 떼를 보며 경탄하면서 한편으로는 고래고기를 꾸준히 먹는다. 포경을 금지하고 있는데도 울산이나 포항 등지의 음식점, 시장통에는 고래고기가 팔린다. 바로 혼획 때문이다.

해양경찰 관계자는 바다에 설치하거나 던져놓은 그물, 밧줄에 걸려 죽은 고래, 즉 혼획된 고래는 보호 종이 아니면 또 작살 사용 등 불법 포획 여부에 대한 조사를 거쳐 이상이 없을 시 경매에 부치고 고래고기를 유통한다. 이것이 우리의 현실이다.

-고래 포획기록

일본 포경선이 한반도의 포경을 독점하던 시기 한반도 바다에서 포획한 고래의 기록이다.

1903년부터 1907년까지 우리나라 동해에서 1,612두의 고래를 포획한 것을 시작으로 1915년부터 1918년까지는 동해안을 중심으로 포경을 하다가 고래자원이 감소하자 포경기지를 서, 남해까지 확장(서귀포, 흑산도, 어청도, 황해 대청도)하고 우리 바다 전역에서 고래를 포획했다.

1911년부터 1944년까지는 무려 6,647두를 포획했다. 1903년부터 1907년까지 1,612두를 더하면 8,259두가 되는데 포획된 고래 종은 참고래로 5,166두, 귀신고래가 1,313두, 대왕고래 29두, 향유고래 3두로 되어있다.

기록을 찾지 못한 1908년부터 1910년에도 포경이 성행했을 것으로 추정되는데 적어도 일제는 40여 년 동안 한반도 바다에서 잡은 고래가 무려 1만 마리 이상이었을 것이다.

우리나라의 대형고래들은 일제에 의해 전멸되었다고 해도 과언이 아닐 것이다. 일본은 동해의 끝 함경북도 경흥부터 제주까지 포경기지를 설치하고 그 중심에 울산 장생포가 있었다. 그야말로 한반도의 연안 고래를 싹쓸이 한 것이다.

다음은 1940년대인 해방 전후부터 1986년 상업 포경이 금지되기 직전까지 한반도 근해에서 포획한 우리가 잡은 기록이다.

1940년대에는 매년 대형고래인 참고래가 60두에서 100두 정도 잡혔다.

1950년대 들어서는 매년 참고래는 90두에서 100두 정도 잡혔다.

1960년대에는 매년 참고래 56두 밍크고래가 280두였다.

1970년 들어서 매년 참고래가 24두, 밍크고래는 급증해 700~1,000두가 되었다.

1980년대에서 1984년까지 5년 동안 대형고래 포획통계는 보이질 않고 밍크고래만 3,634두를 포획해 연평균 700두 이상을 포획한 것으로 기록되고 있다.

세계적으로 살펴보면 다음과 같다. 고래 중에 가장 큰 고래인 대왕고래는 1930년대에 30만 마리가 있었지만 20세기 말에 이르러서 2,000여 마리 이하로 줄어들었다.

1940년에 4만 마리였던 참고래는 최근 시점으로 8천 마리 정도 남아 있고 100만 마리에 육박했던 향유고래도 40만 마리밖에 남지 않았다. 일부 지역에서는 이 두 고래에 대한 사냥은 여전히 진행되고 있다.

1949년 4만 마리였던 혹등고래 역시 지금 2,000마리 이하로 줄어들었다. 그런데도 혹등고래에 대한 포경 금지 조치는 대왕고래와 함께 1967년에야 내려졌다.

국제포경산업의 질서 있는 발전을 위해 설립된 국제기구가 존재하지만, 조치는 이미 한발 늦은 감이 있다.

이러한 일련의 과정에서 고래는 19세기 말부터 20세기 초 무분별한 포획으로 멸종 위기에 처해 있으며 포획 방법이 발달하고 대형선단 선박들로 인해 고래의 수가 급감했다. 포경의 대표적인 국가가 프랑스, 스페인, 네덜란드, 잉글랜드, 스코틀랜드, 미국, 노르웨이, 러시아, 일본 등이다. 앞서 나열해 놓은 국가명이 그 무언가를 닮아 있는 것처럼 보인다. 잔혹한 포획의 역사는 잔혹한 제국주의 역사와 비례했다.

18, 19세기 이루어진 고래 학살은 지금 통계에는 잡히지 않는다. 하지만 1, 2차 세계대전 때 해마다 5만 마리의 고래가 도살되었다는 것은 신빙성 있는 통계이다.

서구 열강의 남극 선단은 한 철에 3만 마리의 고래를 사살한 일도 있다고 한다.

- 잔인한 사냥 방식과 고래 멸종 위기

세계 3대 포경국으로 불리는 일본, 노르웨이, 아이슬란드 등은 오랜 역사와 전통을 자랑하는 포경업을 통해 생계를 이어왔다. 그러나 이들이 고래를 사냥하는 방식은 현대 과학의 시각에서 보았을 때 잔인하고 비인도적이라는 비판을 피할 수 없다.

고래의 죽음에 대한 판정 기준은 여전히 논란의 여지가 많다. 국제포경위원회(IWC)는 고래의 아래턱이 늘어지고 지느러미의 움직임이 멈추며 고래가 가라앉으면 죽었다고 간주한다. 이는 비교적 명확한 기준이지만, 고래의 독특한 생리학적 특성을 고려하면 실제로는 고통스러운 시간을 더 오래 견뎌낼 수도 있다. 예를 들어, 고래의 심장 박동이 멈추었더라도 뇌는 여전히 활동을 지속할 수 있으며, 몇 분, 심지어 몇 시간이 지나서야 죽음이 확정될 수 있다.

포경선에서 사용되는 작살포는 고래의 몸에 깊이 30cm까지 파고들어 폭발하며, 이로 인해 폭 20cm의 상처를 남긴다. 문제는 이 상처가 고래의 핵심인 뇌에 정확히 도달하지 않는다는 점이다. 따라서 고래는 강한 통증을 느끼며 죽음에 이르게 되지만, 그 과정이 매우 잔혹하고 비인도적일 수밖에 없다.

이러한 고래사냥 방식은 세계적인 비난을 받아왔다. 국제 사회는 포경국들이 더 이상 고래를 고통스럽게 죽이지 않도록 압박해왔으며, 점차 상업적 포경을 금지하는 추세로 변화하고 있다. 일본, 노르웨이, 아이슬란드는 여전히 상업적 고래사냥을 고수하고 있지만, 그들의 방식이 잔혹하다는 국제적인 비판을 받고 있다.

고래를 사냥하는 과정에서의 잔인함은 그들이 고래의 생명권을 존중하지 않는다는 것을 보여주며, 전 세계적으로 환경 보호와 동물의 권리를 중요시하는 시대적 흐름과는 배치된다. 포경국들은 이러한 비판에 대해 자국의 전통과 생계유지의 문제를 언급하지만, 기술적으로 더욱 인도적인 방법으로 고래를 보호할 방안이 강구되어야 한다는 국제 사회의 목소리는 계속해서 높아지고 있다.

고래를 발견하고 잡는 방식은 시간이 지나면서 큰 변화를 겪었다. 1960년대 후반까지만 해도 고래를 발견하려면 포경선의 선수에 있는 전망대 망루에 올라가 바다를 살펴야 했다. 포경선의 선원들은 넓은 바다를 일일이 눈으로 살피며 고래를 찾아 나섰고, 그 과정은 시간도 오래 걸리고 힘든 일이었다. 하지만 1970년대에 들어서면서 기술적인 혁신이 일어났다. 철선으로 건조된 현대식 포경선이 등장하면서, 새로운 장비들이 장착되었고 그중 하나가 바로 소나 장비였다.

소나 장비는 바닷속에서 고래들이 싫어하는 특정 음향을 발신하며 고래를 추격하는 데 사용되었다. 이전에는 육안으로만 고래를 찾아야 했던 반면, 소나 장비를 이용하면 고래를 훨씬 쉽게 발견할 수 있었다. 고래는 이 음향을 듣고 불안해하며 도망치기 시작하는데, 도망가면서 물 밖으로 자주 나올 수밖에 없었다. 숨이 차고 지친 고래는 결국 포경선의 사정거리로 들어오게 되고, 작살포의 정확한 타격을 받아 포획되었다.

이러한 기술적 발전은 고래 포획의 효율성을 극대화했지만, 그 대가로 고래의 개체 수는 급격하게 줄어들었다. 많은 고래 종들이 멸종 위기에 처하게 된 것이다.

제3장

고래 쫓던 포경선과 포획된 고래 해체작업

포경선의 출항과 입항

포경선의 출항은 희망과 설렘을 품고 항구를 떠나는 일이다. 큰 고래를 잡아 만선의 꿈을 이루겠다는 다짐으로 출항하지만, 큰 고래는커녕 작은 고래도 잡지 못하고 빈 배로 돌아오는 경우도 많았다. 때로는 거센 풍랑으로 인해 항구에 발이 묶이기도 했다.

언제부터 시작되었는지 정확히 알 수는 없지만, 울산 장생포의 고래잡이 선원들은 생명을 걸고 바다로 나가는 만큼 사고를 막고 마을의 평안을 기원하기 위해 제사를 지냈다. 이 의식은 출항 전 고래를 많이 잡기를 기원하는 당산제와 고래를 잡고 무사히 돌아온 것을 감사하며 지내는 풍경제로 나뉘었다.

당산제는 고래잡이 선원들의 안전과 성공은 물론 마을 사람들의 무병장수를 기원하는 제사였다. 제사는 마을 입구에 있는 시주당이나 별도의 사당에서 치러졌다. 제단은 청결히 정돈되었고, 황토를 깔고 솔가지를 끼운 금줄을 둘러 외부인의 출입을 차단했다. 제사를 주관하는 제주(祭主)는 마을의 연로하고 상중(喪中)에 있지 않은 이로 정해졌으며, 제사 전 며칠 동안 목욕재계를 하고 육류를 삼가며 병자나 상인을 만나지 않았다. 제삿날은 길일을 택했고, 자시에 동신제문을 읽으며 제사를 시작했다. 제사가 끝나면 마을 사람들이 함께 음식을 나누고 술을 마시며 화합의 시간을 가졌다.

풍경제는 고래잡이에서 돌아오는 입항 의식으로, 고래잡이의 성공과 선원들의 안전을 감사드리는 제사였다. 매년 고래잡이 시즌이 끝나는 음력 10월 5일경에 거행되었으며, 당산제와 같은 장소에서 진행되었다.

이처럼 포경선의 입·출항 제사는 단순히 선원들만의 의식이 아니라 마을 전체가 함께 참여하는 중요한 행사였다. 당산제와 풍경제는 모두 엄숙하고 정갈하게 준비되고 마무리되었으며, 마을의 평화와 공동체의 화합을 기원하는 의미를 담고 있었다.

포경선의 출항을 준비하는 일은 단순하지 않다. 어선과 달리 포경선은 포경포를 장착하고 화약을 취급하기 때문에, 출항 시마다 관할 지서에 화약 취급 신고서를 반드시 제출해야 했다.

포경선의 출항에는 또 다른 경쟁이 존재했다. 조업지가 동해에 있다 보니, 장생포항 소속 포경선들은 장생포에서 직접 출항하지 않고 전날 밤 방어진으로 이동해 그곳에서 하룻밤을 보낸 뒤 출항했다. 이는 약 한 시간의 시간을 절약하기 위한 전략이었다.

이러한 모습은 열악했던 1960년대 중반까지의 포경선의 현실을 보여주는 단면이라 할 수 있다. 대부분의 포경선은 목선이었으며, 탑재된 엔진도 구형 야끼다마 엔진으로 속력이 느렸다. 이에 방어진 포경선들과 보조를 맞추기 위해 조업 시작 시간과 고래 포획의 기회를 최대한 동등하게 만들려는 노력이 필요했던 것이다.

1960년대 후반 철선이 등장하기 전까지 새벽 출항을 둘러싼 이러한 경쟁은 계속되었을 것으로 보인다. 당시에는 통신 기술이 발달하지 않아, 아날로그 방식의 열악한 정보 전달에 의존할 수밖에 없었다. 이를 단적으로 보여주는 사례가 최말단 선원인 화장(조리사)의

업무였다. 화장은 선원 12명의 집을 일일이 방문하며 새벽 출항 시간에 맞춰 승선하도록 통지하는 도방(선원 통지) 업무도 함께 도맡았다.

　이처럼 새벽잠이 부족했던 화장은 출항 후 2~3시간 동안 잠시 눈을 붙이며 휴식을 취하기도 했다. 이러한 출항 모습은 선원들의 근면과 노력 덕분에, 열악한 환경 속에서도 한반도 근해의 포경선 출항 문화는 점차 개선되고 발전을 이룰 수 있었다.

　포경선은 새벽에 출항해 해가 지기 전까지 고래를 찾아다녔으며, 고래를 잡아 항구로 돌아올 때면 방어진과 장생포항은 활기와 생동감으로 가득했다. 고래잡이의 소식으로 들뜬 항구는 늘 분주하고 활력이 넘치는 모습으로 우리 곁에 있었다.

　포경선의 출항에는 항상 여러 변수가 따랐다. 한여름, 육지 온도가 30도를 넘으면 바닷물은 더욱 차가워지고, 뜨거운 공기가 차가운 해수와 부딪쳐 짙은 해무가 발생하곤 했다. 해무가 짙어지면 지척도 분간하기 어려워지며, 조업과 탐경이 불가능해 출항이 지연되었다. 기상 변화가 하루 만에 끝날 때도 있었지만, 며칠간 해무가 지속되어 출항이 계속 미뤄지는 경우도 흔했다.

　한여름, 울산 방어진의 철공 조선소에서 발생한 사건은 이러한 변수들의 위험성을 잘 보여준다. 포경선을 수리하기 위해 도크에 올려놓은 상황에서 구경꾼들이 배 위로 올라와 포경포를 만지작거리던 중, 실수로 방아쇠를 당겼다. 강력한 폭발음과 함께 포탄이 집 벽을 뚫고 날아갔고, 놀란 구경꾼은 뒤로 나뒹굴어 한동안 일어나지 못했다. 이 아찔한 사건으로 구경꾼들은 방어진 지서로 연행되어 몇 시간 취조를 받았으나, 우발적인 사고로 밝혀졌다.

이처럼 다양한 변수들이 출항을 어렵게 했지만, 모든 준비를 마친 포경선은 결국 항구를 떠나 망망대해로 항해를 시작했다. 출항 후 2~3시간이 지나면, 포경선의 배 앞머리에 있는 망통 전망대에 올라간 선원이 바다 상황을 살폈다. 망루에 올라 바라보는 바다 풍경은 아래에서 보는 것과는 완전히 달랐으며, 선원들은 이 높이에서 바다를 더 넓고 세밀하게 관찰할 수 있었다.

이제부터는 고래를 찾아야 할 시간이다. 고래는 숨을 쉴 때 물 분수처럼 물안개를 내뿜는데, 이를 보고 위치를 파악하거나, 바다 위로 검은 등을 드러낸 고래를 찾아 나선다. 이러한 모습은 초기 한반도 포경선이 망망대해에서 첫 조업을 시작하던 풍경을 그대로 보여준다.

포경선은 새벽에 출항해 종일 바다를 누비며 고래를 찾고 뒤쫓았다. 한편, 선원들의 식사를 책임지는 조리실은 밥을 짓고 배식을 준비하느라 분주했다. 여기저기서 웃음소리도 들리며 활기가 넘쳤다. 해가 질 무렵, 선원들은 하루의 일과를 마무리하고 저녁 시간에 모였다. 오늘 저녁의 주메뉴는 갓 잡은 밍크고래로 만든 육회와 고래찌개. 화장은 맛깔스럽게 준비한 저녁상을 차리고, 이제야 허리를 펴며 수저를 들어 식사를 시작한다.

　조업 중 큰 고래를 포획하면 즉시 입항하지만, 작은 고래를 잡으면 해가 질 때까지 조업을 계속한다. 작은 고래는 포획 즉시 해부장이 갑판에서 해체작업을 시작하고, 얼음으로 덮어 고기의 선도를 유지하면서 입항한다. 고래를 잡았는지 여부는 선원들의 얼굴에서 바로 알 수 있다. 큰 고래를 잡아 배 옆구리에 차고서 뱃고동을 울리며 입항할 때면, 포수 이하 모든 선원의 얼굴에 기쁨이 만개한다. 조업에 대한 만족과 함께 수입도 보통 때와는 다르기 때문이다.

　포경선의 선원들은 기본 월급을 받으며, 고래를 잡을 때마다 별도의 수입이 추가된다. 고래의 크기에 따라 수당이 달라지며, 큰 고래를 잡으면 그만큼 더 많은 수당을 받게 된다. 이처럼 포경선의 입출항에는 다양한 변수들이 존재한다. 일과를 마치고 입항할 때, 선원들은 오늘의 기본 일당 외에도 고래 수확에 따른 수당의 유무와 그 크기를 짐작하며 입항한다. 이 변수들이 선원들의 하루를 더욱 의미 있게 만든다.

고래의 발견, 추격과 포획

항구를 떠난 포경선은 망망대해를 향해 항해를 시작한다. 선원은 선수에 설치된 망루에 올라 바다를 살피며 고래를 찾는다. 고래가 모습을 드러내면 그 위치를 시계방향으로 알려주며 정보를 전달한다.

한참을 기다린 끝에, 검은 등을 드러낸 고래가 모습을 보인다. 하지만 고래는 바다로 사라지며 다시 잠수한다. 고래의 움직임을 목격한 선원들의 환호와 아쉬움이 섞인 목소리가 갑판에 울려 퍼진다. 이를 알아차린 갑판장은 빠르게 신호를 보내며, 상황을 정확히 파악한 포수는 즉시 선장과 기관장에게 알리고 긴장감이 감도는 순간을 준비하기 위한 시그널을 보낸다.

선장과 기관장은 즉시 준비 태세를 갖추며, 포경선의 조업을 시작할 준비를 마친다. 선원들은 각자의 역할에 따라 긴장감을 풀지 않고 집중하며, 고래를 포획하기 위한 순간을 기다린다.

엔진출력을 올린 포경선은 고래를 추격한다. 그러면 뱃머리 부근에서 고래는 다시 수면으로 그 모습을 드러내고, 등 뒤로 물을 뿜어내며 도망간다. 그 뒤로 포경선은 바싹 고래를 추격한다. 고래의 속도는 19~20노트 정도이고, 포경선은 보통 19노트의 속력이다. 처음에는 조금 멀리 있던 고래도

도망을 치다 보니 힘이 빠지기 시작하고 숨이 차서 물 밖으로 나오는 횟수가 점점 많아진다.

이쯤 되면 고래는 사정권에 들어오고, 포수는 튼튼한 줄이 달린

작살포 발사 직후

작살포를 쏘아 고래의 몸에 명중시킨다. 작살이 몸에 박힌 고래는 선혈이 낭자한 채로 작살 끝에 달린 밧줄을 끌면서 목숨이 다할 때까지 도망친다. 도망가던 고래는 일정 시간이 지나면 죽음을 맞이하고, 결국 물에 뜬다.

죽은 고래는 워낙 커서 배 위에 올리지 못한다. 고래가 바다에 가라앉지 못하도록 고래의 몸속에 공기를 주입하여 뜨게 하고 배 옆에 차고서 포경선의 본거지 해체장소가 있는 울산 장생포항으로 돌아갈 모든 준비를 마친다. 잠시 쉬고 있는 선원들, 이제 몇 시간 후가 되면 고래는 항구에 도착 될 것이며 해체를 위해 뭍으로 올려지고 해체공은 창처럼 생긴 긴 칼로 고래를 해체하게 될 것이다.

-고래 잡는 이야기1

1955년, 방어진항 소속의 어성호는 감포 앞바다로 고래를 포획하기 위해 출항했다. 그날의 포수는 이만출이었다. 고래가 수면 위에 모습을 드러내자, 이만출은 깊게 숨을 들이쉬고 작살포를 겨누었다.

"잡아라, 이 포수, 놓치지 마라!"

갑판에서 선장이 긴장된 목소리로 외쳤다.

이만출은 온 신경을 집중하여 포경포를 발사했다. 포가 고래의 몸에 명중하자, 그때부터 고래와 포경선은 끝없는 추격전을 벌였다. 하지만 대형고래는 만만치 않았다. 18m나 되는 거대한 고래(참고래)를 한 번에 잡아낼 수는 없었다. 포경포 한 방으로는 고래의 숨을 끊기 어려웠다. 고래는 처음에는 조금 힘을 빼며 수면에 떠 있었지만, 이내 다시 도망가기 시작했다.

"빨리 쏴, 두 번째 포! 놓치면 끝이다!"

선장의 목소리는 긴박하게 들렸다. 이만출은 다시 한번 포를 쏘았다. 명중이다. 그래도 고래는 여전히 힘차게 도망치며 포경선을 끌었다. 고래가 끌고 가는 속도에 의해 포경선의 선수는 점점 물속에 잠기고, 우현에서는 바닷물이 넘쳐 들어왔다. 잘못하면 배가 바닷속으로 침몰할 수도 있는 상황이었다.

"기계실에 물이 들어간다! 줄을 잘라라!"

기관장의 다급한 목소리가 들렸다.

배는 점점 더 불안정해졌다. 갑판 아래 차곡히 쌓였던 로프 500m가 삽시간에 풀리며, 배는 고래가 끌고 가는 힘으로 뒤집힐 듯했다. 물이 점점 밀려 들어오는 가운데, 재빨리 손도끼를 들고 열을 받은 롤러 도르래에 물을 뿌리며 선장의 명령을 기다렸다.

"줄을 끊어!"

선장의 다급한 목소리가 들려왔다. 하지만 이만출은 고래를 놓칠 수 없다는 마음이 들었고 고개만 끄덕였다. 그 순간, 갑자기 배의 선수 부분이 수면 위로 떠 오르며 불규칙하게 흔들렸다. 포경선이 중심을 잡으면서 겨우 균형을 되찾았다.

"이제, 됐다!"

손도끼를 내려놓으며 힘겹게 말했다.

고래는 이제 거의 힘이 빠져 수면 위로 떠 오르며, 물기둥을 뿜어 내고 있었다. 이만출은 안도의 한숨을 내쉬었다. 한 시간이 넘게 걸렸지만, 고래는 여전히 살아 있었다.

"다 잡았다! 이제 끝이다!"

이만출이 크게 외쳤다.

고래는 마지막 힘을 다해 도망치려 했지만, 이미 포경선은 그를 완전히 압도하고 있었다. 고래가 힘이 빠져 수면에 떠 있는 순간, 포경선은 고래를 마침내 완전히 포획했다.

"하, 드디어 끝났군."

선장이 안도의 한숨을 내쉬며 말했다.

"하지만 하마터면 배가 전복될 뻔했어."

"고래가 정말 크다. 18m는 될 것 같아."

선원들은 고래를 배 옆에 띄워 놓고 잠시 숨을 돌렸다. 대형고래를 끌고 항구로 돌아가는 길, 모두는 이제야 한숨을 쉬며 서로를 격려했다.

"오늘은 정말 구사일생이었다."

이만출이 웃으며 말했다.

"하지만 우리는 해냈다."

그렇게 사투를 벌이며 잡은 대형 참고래를 힘겹게 항구로 끌고 왔다. 뱡어진 포경선 선원들과 어민들의 환영 속에 뱡어진 동진 해체장에서 고래는 청룡도를 든 해부사들의 손에 의해 해체되었다.

그 해체된 고래의 모습은 방어진 역사에서 중요한 순간으로 남았다. 지금, 대왕암공원 등대 입구에 세워져 있는 아치형 턱뼈는 그때 감포 앞바다에서 포획한 참고래의 아래위 턱뼈였다. 이 턱뼈는 처음 방어진 중학교 정문 앞에 세워졌으나, 시간이 지나면서 등대 입구 쪽으로 옮겨져 현재의 자리를 지키고 있다.

그 턱뼈는 고래잡이배 선주였던 백천건이 그의 막내아들 백만욱의 방어진 중학교 입학을 기념하여 학교에 기증한 것이다. 처음엔 학교의 상징처럼 교문 입구에 세워졌으나, 대왕암공원 입구로 옮겨져 오랜 세월의 풍파로 일부가 많이 손상되었지만, 여전히 그 자리에 서서 당시의 역사를 증언하고 있다.

또한, 고래를 추격하고 포획하는 과정에서는 언급되지 않았지만 중요한 도구들이 사용되었다. 고래작살과 고래에어작살은 그 중 대표적인 도구들이다. 고래작살은 고래를 잡을 때 사용하는 도구로, 주로 소형 고래를 포획할 때 사용하며, 창대의 매듭에 줄을 연결해 사용한다. 고래에어작살은 고래를 포획한 후 고래의 몸에 공기를 주입하여 견인할 수 있게 해주는 장치로, 고래가 물속에 가라앉지 않도록 유지하는 역할을 한다.

-어미와 새끼

어미 고래를 잡을 때 간혹 새끼가 붙는 경우가 있다. 어미 고래가 피를 흘리며 가고 새끼고래가 울며 어미 고래를 쫓아간다. 새끼고래가 쳐지면 어미 고래는 창끝처럼 생긴 등지느러미에 새끼를 끼워 나아간다. 그 모습을 보고 어느 선장은 자신의 아들이 손주를 맡겨 두고 나가 연락이 두절된 상황을 생각했다.

'어미 고래에 몽실한 새끼고래가 붙어 있으니 그 고래를 잡는 마음인들 즐겁기만 하겠냐마는 불쌍해도 우야노, 지는 고래고 나는 사람이니. 가기는 간다마는 나도 새끼가 있으니 마음이 많이 안 좋지만 할 수 없지, 우야노.'

포경선이 고래를 잡아 항구로 돌아왔고 그 소식은 금세 마을에 퍼졌다. 만선 신호가 울리고, 사람들은 모두 바쁘게 포구로 몰려나왔다. 고래를 끌어올리기 위한 준비가 한창인 가운데, 마을 사람들은 고래의 몸집을 보고 감탄하며 설레는 마음을 감추지 못했다. 마침내 고래가 육지로 올려지고, 그곳은 잔치판이 되었다.

선주와 선원들의 얼굴엔 웃음꽃이 피었고, 그중에서도 선주 마누라는 입이 째지게 기뻐했다. 그러나 신나야 할 선장은 소주 한두 잔을 걸치고는 그저 묵묵히 집으로 돌아갔다. 고래잡이로 얻은 돈이 많고 적음에 상관없이, 그에게는 늘 돌아와야 할 집과 가족이 있었다.

그날, 선장은 이런 말을 입에 올렸다.

"어미 고래는 죽어가면서도 새끼를 얹어 가지고 가는데, 우리 집 둘째 놈은 새끼 맡겨 놓고 소식조차 없다. 그는 어디에 있냐?"

선장의 목소리에는 탄식이 섞였다. 고래와 같은 부모라면, 자식들을 두고 달아날 일이 없을 텐데…. 그런 생각이 잠시 그의 마음을 스친 것이다.

이 이야기는 1960년대 구룡포 포경선 선원이 고래잡이로 생계를 이어가던 그 시절, 선원들이 종종 나누던 대화를 토대로 전해지는 이야기다. 고래잡이에서 얻은 막대한 수익에도 불구하고, 그들의 삶은 늘 일정한 아쉬움과 부족함을 느끼며 살아갔다.

만선 깃발 달고 입항하는 포경선

포경선의 만선 깃발은 그 배의 기쁨을 상징하는 중요한 표시였다. 이 깃발은 새로운 배를 건조할 때 미리 만들어두고, 평소에는 선장실에 보관하다가 포경선이 출항해 고래를 잡고 돌아올 때 꺼내어 달았다. 포경선이 항구로 돌아오면서 만선의 기쁨을 알리는 방식은 고동소리와 함께 만선 깃발을 달고 항구로 들어오는 것이었다. 깃발은 포경선의 선수 부분에 꽂힌 망루 상단에서 갑판을 거쳐 기관실 상단까지 높게 걸려 있었다. 깃발이 바람에 펄럭이면 멀리서도 만선의 상징을 볼 수 있었다.

선원들은 출항하기 전, 만선의 꿈을 안고 바다로 나갔다. 그러나 매번 만선이 있는 것은 아니었고 고래를 잡을 확률이 낮고 어려운 일이었다. 만선의 기준도 일반 어선과는 다르다. 일반 어선은 배의 공간이 한정되어 있어, 고기를 더 이상 실을 수 없으면 만선으로 간주한다. 그러나 포경선은 고래의 크기와 숫자에 따라 만선을 판별

했다. 보통 10m 중후반을 넘는 대형고래를 잡았을 때 만선으로 인정되었고, 이때는 고래의 크기와 상관없이 만선의 기쁨을 선원 모두가 함께 나누었다.

대형고래를 잡고 입항할 때는 만선 깃발과 함께 뱃고동이 길게 울리며 항구로 돌아왔다. 멀리서 울려 퍼지는 뱃고동 소리는 가족들에게 "우리 배가 만선을 했다!"라는 희소식을 전해주었고, 사람들은 환호하며 포구로 달려갔다. 오색 깃발이 바람에 펄럭이며 배가 입항할 때, 선원들은 만선의 기쁨을 온몸으로 느꼈다.

입항 후, 그 기쁨으로 이틀에서 사흘까지 웃음이 끊이지 않았고, 가족들은 선원들에게 대단한 고기 선물을 받았다. 특히 큰 고래를 잡았을 때는 해체하는 모습을 보려 구경꾼들이 몰려들었고 그들에게 고래고기를 나누어주기도 했다. 이때는 동네 아이들에게까지 고기 한 조각씩 나누어주며, 모두가 기쁨을 함께 나누었다. 만선의 기쁨은 단지 포경선 선원들만의 것이 아니라, 그 지역 공동체 전체가 함께하는 순간이었다.

또한, 포경선이 고래를 잡고 돌아오는 방식은 당시 사람들에게 매우 중요한 의식이었다. 포경선이 고래를 잡았다는 표시로 뱃고동을 울리면, 그 소리에는 각기 다른 의미가 담겨 있었다. 뱃고동의 길이와 리듬은 고래를 잡은 포경선의 선원이 누구인지를 알리는 중요한 신호였다. 사람들은 이 소리를 들으며 각 배의 성과를 확인했다.

1960년대 중반에서 70년대 초, 울산의 장생포는 고래잡이의 본거지로 유명했지만, 방어진 포경선단도 그 시기 동안 급격히 성장하며 장생포를 능가할 정도로 큰 호황을 맞이했다. 방어진은 고래잡이의 중심지로 자리 잡으면서, 많은 선주와 포경선의 선장, 기관장들이 방어진 출신이 많았다. 이들은 자주 방어진항을 입출항하며 고래잡이의 성과를 자랑했으며, 그중에서도 창명호와 같은 목선 포경선이 특히 기억에 남는다.

　창명호가 고래를 잡고 항구로 돌아오는 장면은 그 당시 사람들에게 큰 인상을 남겼다. 포경선은 고래를 배 옆에 차고 항구로 들어왔는데, 그 광경을 목격한 사람들은 큰 고래의 크기에 놀라며 "와아~ 와아~" 하고 외치며 지나가는 사람들에게 그 소식을 전했다. 육안으로 보아도 고래가 얼마나 크고 위엄 있게 보였는지, 그 장면을 직접 본 사람들은 그것이 단순한 어업이 아닌 마치 축제와 같은 큰 사건으로 여겼다.

　고래잡이를 통해 선주들이 얻는 수익과 명예는 상상 이상이었다. 당시 선주들은 지역사회에서 중요한 위치를 차지했으며, 큰 고래를 잡은 선주들은 마치 재벌처럼 대접받았다. 그들은 술집과 다방 등에서 자주 모습을 드러냈으며, 포경선에 만선 깃발을 달고 돌아오는 순간은 그들의 성공을 대외적으로 알리는 중요한 신호였다.

　이러한 광경은 방어진의 경제적 호황과 명예를 상징하는 순간이었고, 사람들은 이 순간을 특별한 사건으로 기억하며, 고래잡이가 지역사회에 미친 영향을 실감했다.

필자는 그때 초등학생이었다. 방어진항에 입항했던 포경선이 여러 척 있었지만, 기억에 남는 고래잡이배는 창명호였다. 그다음으

로는 백경호, 동방호가 떠오른다. 당시 고래잡이배는 대부분 목선이었지만, 백경호와 동방호는 보기 드물게 철선이었고, 그들은 날렵한 모습으로 대단한 속력을 자랑했다.

방어진의 고래잡이 전성기, 특히 1960년대와 70년대는 지역사회와 문화에 깊은 영향을 미친 중요한 시기였다. 포경선의 입항은 단순한 출항과 입항이 아니었고, 마을 전체가 함께 축하하고 나누는 순간이었다. 항구 근처에서 사람들이 "고래 잡았다!"라는 무전 소리와 함께 울리는 뱃고동 소리를 들으며, 사람들이 기쁨에 넘쳐 뛰어나갔다. 그 장면은 그 시절 방어진의 대표적인 풍경이었다.

고래를 잡고 돌아오는 포경선의 입항을 본 사람들은 "우와, 큰 고래를 잡았다!"라고 감탄하며, 고래 해체 현장으로 달려갔다. 포경선의 뱃고동 소리에도 특별한 차이가 있었다. 고래를 잡았을 때, 포경선은 뱃고동을 길게 두 번 울려서 큰 고래를 잡았다는 신호를 보냈다. "뚜~ 뚜~"라는 소리가 항구를 가로질러 들려오면, 사람들은 고래를 잡은 사실을 의심하지 않았다.

그리고 해체작업이 시작되면, 고래의 크기와 힘에 맞는 특별한 도구들이 등장했다. 그중 하나가 바로 '청룡도'라 불리는 큰 칼이었다. 청룡도는 대개 한 발 반 정도 되는 큰 칼로, 고래의 몸을 자르는 데 사용되었다. 해체공들은 청룡도로 고래의 몸통에 길게 자르는 선을 그었다. 그러면 고래의 검은 피부 아래 흰 속살이 드러났다. 그 살점은 멀리서 보면 마치 분필로 그은 듯 하얗게 보였고, 그 선들이 고래의 몸에서 점차 벌어지며 해체가 진행되었다.

해체작업은 단순한 칼질만으로 끝나지 않았다. 고래는 매우 큰 동물이기 때문에, 그 살점을 효율적으로 분리하기 위해 세로로 자르고 가로로 나누는 과정이 필요했다. 이 과정에서 청룡도를 든 사람들은 고래의 몸을 여러 부분으로 나누며 정교한 작업을 이어갔다. 고래의 살점은 크고 두꺼운 덩어리로 나뉘었고, 그 과정에서 사람들은 모여서 구경하며 고래 살을 나누어 가지기도 했다.

당시 방어진의 고래 해체장은 그 지역 사람들에게는 하나의 중요한 행사였으며, 고래를 잡는 것은 단순한 어업을 넘어 공동체의 중요한 문화적, 경제적 의미를 지닌 사건이었다. 선원들이 고래를 잡고 항구로 돌아오는 순간부터 해체작업이 이루어지기까지, 그 모든 과정은 방어진 사람들의 삶과 밀접하게 연결된 중요한 일상이었고, 많은 사람에게 그 시절의 기억을 남겼다.

-고래 잡는 이야기2

1979년 여름, 이 포수는 대형 참고래를 포획할 꿈을 품고 있었다. 제5진양호를 타고 울산 앞바다 6마일까지 나아가, 고래의 출현을 기다렸다.

뱃머리에는 긴장감이 감돌았다. 뜨거운 여름 햇살이 갑판을 달구었고, 짠내 나는 바닷바람이 이따금 불어왔다. 이 포수는 배의 앞머리에 앉아 작살포를 점검했다. 손길은 익숙하고도 조심스러웠다. 화약을 정확히 장전하고 작살의 날을 한 번 더 확인한 그는 두꺼운 장갑을 다시 껴 손에 땀이 배지 않도록 했다.

그는 고개를 들어 끝없는 바다를 바라보았다. 시야에는 푸른 물결과 하늘밖에 없었지만, 그의 마음속에는 긴장감이 맴돌았다. 고래는 언제나 예측할 수 없는 방식으로 나타났다. 마치 숨바꼭질을 하듯 물 아래 어딘가에서 그의 시선을 비웃고 있을 것 같았다.

멀리서 무언가가 보였다. 처음에는 단순한 물결 같았다. 그러나 곧 물결이 평범하지 않다는 것을 알 수 있었다. 거대한 검은 물체가 수면 아래 어렴풋이 드러났다가 사라졌다. 몇 초 후, 거친 숨소리와 함께 물보라가 솟구쳤다.

"저기다!"

이 포수는 외치며 작살포를 고정한 채 고개를 끄덕였다. 그는 눈을 가늘게 뜨고 그 물체를 주시했다. 곧이어 고래의 등 위로 물줄기가 거세게 뿜어져 나왔다. 그토록 기다리던 순간이었다.

"뱃머리를 고래 쪽으로 돌려!"

이 포수는 외치며 신호를 보냈다. 선장은 즉시 방향타를 돌렸고, 포경선은 바다를 가르며 고래가 나타난 곳으로 접근하기 시작했.

이 포수는 긴장된 손으로 작살포를 조준하며 고래가 다시 나타나길 기다렸다.

'조심해. 한 번 놓치면 다시 찾기 힘들다.'

그는 자신에게 속삭였다. 고래는 가끔 수면 위로 모습을 드러내 숨을 쉬었지만, 언제든 방향을 바꾸거나 깊이 잠수할 수 있었다.

시간은 느리게 흘렀다. 이 포수는 심장 소리가 귓가를 울리는 것처럼 느껴졌다. 선원들 역시 숨을 죽이며 바다를 응시했다. 드디어, 고래가 다시 떠올랐다. 이번에는 더 가까운 곳에서, 더 확실한 모습으로. 검은 등 위로 하얀 물줄기가 힘차게 솟구치며 햇빛을 받아 반짝였다.

"준비됐나? 조준 정확히 해!"

선장의 긴급한 목소리가 들렸다.

이 포수는 단호한 표정으로 고래를 따라 작살포의 방향을 조정했다. 그는 모든 움직임을 관찰하며 한 치의 오차도 용납하지 않았다. 바다 위로 드러난 고래의 등이 그의 목표물이었다.

이 포수는 손가락에 힘을 주었다. 그의 눈에는 오로지 목표만이 보였다. 작살이 날아가 고래의 등에 꽂히는 순간, 바다는 긴장의 전장으로 변했다. 고래는 거대한 몸을 뒤틀며 고통에 찬 울음소리를 내질렀고, 꼬리로 바닷물을 세차게 때려 포경선으로 향하는 물보라를 만들어냈다.

고래는 거친 힘으로 한 번 더 몸을 뒤틀더니, 바다 깊숙이 자신을 숨기려는 듯 아래로 돌진했다. 밧줄이 팽팽하게 당겨지며 배 전체가 흔들렸고, 선원들은 균형을 잃고 비틀거렸다.

선장이 난간을 붙잡고 외쳤다.

"떠오른다! 준비해!"

선장이 소리쳤다.

바다 한가운데, 거대한 검은 물체가 다시 수면 위로 올라왔다. 고래는 숨을 쉬려는 듯 거칠게 공기를 내뿜었다. 바로 그 순간, 이 포수는 망설임 없이 두 번째 작살포를 발사했다.

"탕!"

폭발음과 함께 작살이 또다시 고래의 몸을 관통했다.

"명중이다!"

이 포수는 외치며 손에 쥐고 있던 장갑을 벗어 던졌다.

고래는 마지막 힘을 다해 포경선을 끌고 갔다. 얼마간의 시간이 흐르자 끄는 속도가 점점 느려졌다. 바다 위에는 고래의 피가 퍼져 나가며 붉은 물결을 만들었고, 선원들의 얼굴에는 긴장과 안도의 표정이 교차했다.

"멈췄다!"

한 선원이 외쳤다. 고래는 이제 더 이상 움직이지 않았다. 거대한 몸체가 물 위에 떠 올라 잔잔한 파도 위에 떠 있는 모습은 마치 섬과 같았다.

"이제 끝났군."

이 포수는 뱃머리에 앉아 깊은 한숨을 내쉬며 말했다.

"로프 가져와! 묶자!"

선원들은 서로를 격려하며 고래를 포경선 옆으로 올려 단단히 묶기 시작했다.

"만선 깃발 올려!"

한 선원이 외치자 모두가 환호성을 질렀다. 깃대에 휘날리는 만선 깃발은 승리의 상징이었다.

"드디어 입항한다."

이 포수는 환한 미소를 지으며 말했다. 그는 다른 선원들과 함께 고래를 바라보며 깊은 피로 속에서도 흐뭇함을 느꼈다. 선원들은 급히 항구로 입항을 서두르며, 배에 만선의 기쁨을 알리기 위해 준비했다.

참고래 한 마리만 잡으면 바로 만선이었다. 입항하는 순간, 선장은 붕~ 붕~ 붕~ 붕~ 여러 차례 뱃고동을 울리며 입항을 알렸다. 항구 근처에 있던 사람들이 그 소리를 듣고,

"우리 배가 만선했다!"

라고 환호하며 달려 나갔다. 멀리서도 펄럭이는 만선기가 보였다. 그 깃발이 선원들의 피와 땀을 상징하는 것처럼, 승리의 기쁨을 만끽하며 항구로 돌아오는 그들의 얼굴은 행복으로 가득 차 있었다.

대형고래를 잡아서 입항할 때 항구의 소속 포경회사에 신호를 보낸다. 입항한 포경선은 고래를 해체장으로 넘겨주고 고된 고래잡이를 마감한다. 아무튼 포경선의 선원들은 큰 고래를 포획해 만선 깃발을 달고서 항구로 들어오면 뱃고동 울리는 순간이 가장 가슴 뭉클한 순간이다. 하지만 만선깃발을 올린 포경선이 의기양양하게 항구로 들어오던 풍경은 이제 볼 수 없는 과거의 일이 되었다.

고래 해체장소와 해체용 도구

작살포와 해체도구

포경선이 대형고래를 포획해 항구로 돌아오는 과정은 그 자체로 흥미롭고도 장엄한 장면이었다. 소형 목선 시절에는 고래를 배 옆에 묶어서 항구로 끌고 들어오는 방식이 일반적이었다. 그러나 철선 포경선이 등장하면서부터는 상황이 크게 달라졌다. 철선에는 전문 해부장이 승선해 소형 고래인 돌고래나 밍크고래는 포경선에서 즉시 해체작업을 진행했다.

이 방식의 변화는 단순히 기술적 발전을 넘어 경제적 이유에서도 중요했다. 고래를 배 옆에 묶어 항구로 운반할 때 시간이 지남에 따라 고래의 선도가 떨어지고, 그에 따라 가격도 낮아졌다. 이를 방지하기 위해 포경선은 출항 시 약 5톤가량의 얼음을 싣고 나가, 고래를 잡은 뒤 윈치로 끌어올려 해체하고 얼음으로 덮어 신선도를 유지했다. 다만, 참고래나 귀신고래 같은 경우에는 크기가 커서 갑판 위로 끌어올릴 수 없었다. 이 경우 고래를 배 옆에 단단히 묶은 채 항구로 이동했다.

울산 장생포항으로 대형고래를 끌고 들어오는 모습은 지역 사람들에게 큰 볼거리였다. 항구의 도크에 거대한 고래를 윈치로 끌어올리는 장면은 장관 그 자체였다. 어른이나 아이할 것 없이 마을 사람들이 몰려와 작업을 지켜보곤 했다. 윈치의 굉음과 함께 고래가 도크로 올라오는 동안, 사람들은 눈을 떼지 못하고 흥미와 경외심을 품고 바라보았다. 하지만 위험이 도사린 순간도 있었다. 한 번은 윈치의 줄이 터져 구경하던 사람이 크게 다치는 사고가 발생하기도 했다.

당시 대형고래를 해체할 수 있는 항구는 전국에서도 손에 꼽힐 정도로 드물었다. 울산 장생포와 방어진, 그리고 서해의 어청도와 흑산도 등에만 해체장이 있었으며, 장생포에서는 특히 이러한 고래잡이 문화가 주민들에게 일상 속의 특별한 풍경으로 자리 잡았다.

울산 장생포의 고래 해체장은 1961년 2월 28일, 장생포 건너편 고사동에 설립되었다. 이는 한국 포경어업수산조합에서 경제적 사유로 고래 해체 시설을 소유할 수 없었던 다수의 포경업체를 지원하기 위해 마련된 시설이었다. 이곳은 1985년 12월 31일 국제포경위원회(IWC)의 포경 금지 이전까지 활발히 운영되었으나, 이후 사용이 중단되면서 현재는 파손된 상태로 방치되고 있다.

해체작업은 포획된 고래를 윈치로 끌어올리는 것으로 시작되었다. 작업의 첫 단계는 1m가 넘는 도경용 칼을 사용해 고래의 목 부분을 절단하는 것이었다. 목을 먼저 절단하는 이유는 고기의 신선도를 최대한 유지하기 위해서였다. 이어서 등 지느러미와 꼬리지느러미 위쪽을 자르고, 등갈비와 내장을 들어내는 작업이 순차적으로 실시했다.

해체 시간은 고래의 크기에 따라 달랐다. 보통 길이 5m 정도의 밍크고래는 2~3시간, 7~9m 크기의 밍크고래는 약 6시간이 소요되었다. 대형 참고래의 경우, 그 거대한 몸체를 처리하는 데 15시간 정도가 걸렸다. 반면, 돌고래는 상대적으로 크기가 작아 해체작업이 불과 10~20분밖에 걸리지 않았다.

장생포 외에 방어진 동진포구에도 고래 해체장이 존재했다. 방어진항 좌측의 슬도와 성끝마을로 가는 길목에 있는 동진마을에 자리 잡았던 해체장은, 현재 그 정확한 위치를 옛 청구조선공업사 주변으로 추정하고 있다. 오래전 이곳의 해체장은 사라졌으며, 지금은 그 자리에 아파트 단지가 들어서 있다.

방어진 고래 해체장은 정확한 설립과 폐장 시점은 알려져 있지 않으나, 1940년대 말 개장하여 1960년대 초쯤 폐장된 것으로 추정

된다. 이는 울산 장생포와 함께 한반도 고래 해체장의 역사를 형성한 중요한 장소 중 하나였다.

한반도에서 고래 해체장이 본격적으로 시작된 시점은 19세기 말로 거슬러 올라간다. 당시 러시아의 태평양 포경회사는 울산 장생포를 고래잡이 기지로 활용하기 시작했다. 초기에는 육지에서 불법으로 고래를 해체하며 대한제국 정부와 마찰을 빚었지만, 1899년 3월, 울산 장생포의 일부 땅을 임차하는 약정을 맺으면서 장생포가 본격적인 포경기지로 자리 잡게 되었다.

동진해안 고래 해체 (1964년)

러시아가 고래 해체 기지로 임차한 땅은 장생포 시가지 앞바다 맞은편에 있는 용잠동 대곶(장생포와 나루터 내해마을) 지역이었다. 러시아 포경선단의 활동은 일본의 관심을 불러일으켰다. 일본은 러시아의 울산 장생포 임차를 계기로 자신들에게도 포경기지를 임차해 줄 것

고래등을 가르며 해체하는 장면

고래 해체장소와 해체용 도구 145

을 대한제국에 요구하며 울산 장생포에 눈독을 들였다.

이후 일본원양주식회사와 나가사키 포경회사는 장생포 고래 해체 기지를 차지하기 위해 치열한 경쟁을 벌였다. 그러던 중 1904년 시작된 러일전쟁이 1905년 일본의 승리로 끝나면서, 러시아가 구축한 모든 포경기지 시설은 일본의 손에 넘어갔다. 이로써 일본은 한반도 근해 포경업의 주도권을 장악했으며, 울산 장생포 기지 역시 일본의 지배 아래 들어가게 되었다.

당시 일본 정부는 12개의 일본 포경회사들이 과잉경쟁과 폐단을 일으키자 이를 해결하기 위해 1909년, 모든 포경회사를 동양회사로 통합하였다. 이 과정에서 울산 장생포는 일본 포경업의 모범적인 기지로 손꼽히게 되었고, 한반도 고래잡이 중심기지로서 입지를 확고히 다지게 되었다.

일본이 한반도 포경업을 독점하며 전국의 포경기지를 정비할 당시, 고래잡이와 해체를 위해 다양한 도구들이 사용되었다. 특히 울산 장생포의 경우, 고래를 해체하는 작업과 동시에 기름을 짜는 작업이 이루어졌기 때문에 각 작업에 필요한 도구들이 세분되어 있었다.

고래를 해체할 때 사용하는 도구들은 매우 다양했다. 고리깡기는 고래를 해체장으로 끌어당길 때 사용되는 필수 도구였으며, 고래 해부 톱은 고래의 몸체를 자를 때 사용되었다. 고래 해부 칼은 고래의 특정 부위를 해체하거나 내부를 절단하는 데 쓰였는데, 그 크기와 형태는 작업의 용도에 따라 다양했다.

도구 관리에도 세심한 주의가 필요했다. 숫돌은 해부 도구를 날카롭게 유지하는 데 사용되었으며, 허리띠에 착용할 수 있는 작은 숫돌과 대형 해부 칼을 갈기 위해 발 구르기를 이용하는 해부 칼 숫돌로 구분되었다. 이런 정교한 도구 관리 덕분에 작업 효율성이 높아질 수 있었다.

그 외에도 장화, 저울, 밧줄, 고래를 당기는 기구 등이 필수적으로 사용되었다. 해부용 장화는 작업 중 미끄럼 방지를 위해 특수 제작되었으며, 밧줄은 고래를 포경선에서 해체장으로 이동시키는 데 사용되었다. 이 밧줄의 길이는 약 200m에 달해, 대형고래를 효율적으로 이동시키는 데 적합했다.

고래를 해체한 후에는 고래고기의 무게를 측정하기 위해 저울이 사용되었다. 이 저울은 부위별로 나뉜 고기의 정확한 무게를 재는 데 필수적인 도구였다.

고래를 육지로 끌어올리는 장비는 수동식과 전동식으로 나뉘며, 각각 고래잡이 산업의 기술 발전 과정을 보여준다.

초기의 수동식 장비는 단순한 구조와 원시적인 방법을 사용했다. 밧줄을 고래에 묶은 후, 사람의 힘으로 밧줄을 감아올려 고래를 해안으로 끌어올렸다. 나무로 된 윈치나 크랭크 장치가 주로 사용되었으며, 일부 지역에서는 도르래를 활용해 힘을 분산시키기도 했다. 그러나 작업 속도가 느리고, 많은 인력과 시간이 필요했으며,

고래가 매우 무거운 경우에는 장비가 파손되거나 작업이 중단되는 일이 잦았다.

고래잡이 기술이 발전하면서 전동식 장비가 도입되었고, 이는 고래를 해체장으로 옮기는 과정을 혁신적으로 개선했다. 내연기관이나 전기 모터를 동력으로 사용하는 윈치가 장착되어, 기계적으로 밧줄을 감아 고래를 끌어올렸다. 금속 소재로 만들어진 강력한 도르래와 와이어, 전동 윈치, 유압 시스템이 포함되었다. 이로 인해 작업 속도가 빨라지고, 더 큰 고래도 손쉽게 끌어올릴 수 있어 효율성이 크게 향상되었다. 그리고 해체장 근처의 경사면이나 기울어진 플랫폼에서 사용하는 경우가 많아, 육지로의 이동이 더욱 원활해졌다.

고래기름을 짜내는 작업에는 다양한 착유 도구와 설비가 사용되었다. 먼저, 고래의 지방층을 분리하기 위해 칼과 도끼로 두꺼운 지방을 잘게 자르고, 착유용 압착기로 이를 눌러 기름을 추출했다. 초기에는 수동식 압착기를 사용해 사람이 직접 압력을 가했으나, 이후 유압식 전동 장치가 도입되며 효율성이 크게 향상되었다. 기름을 추출한 뒤에는 착유용 바가지를 이용해 기름을 대형 솥으로 옮겼다.

대형 솥은 깊이가 약 250cm에 이를 정도로 크며, 고래의 지방과 뼈를 가열해 기름을 녹이는 데 사용되었다. 솥에 열을 가하면 지방이 액체 상태로 변하며 기름이 분리되었고, 떠오르거나 가라앉는 불순물은 제거되었다. 남은 고래 잔해에서 기름을 걸러내기 위해 거름망이 사용되었으며, 이는 기름의 품질을 높이는 데 기여했다.

 추출된 고래기름은 대형 금속 또는 목재로 만든 기름통에 보관되었고, 선박을 통해 운반되거나 항구에서 저장되었다. 이러한 대형 설비와 도구는 대량의 고래기름을 효율적으로 처리하고 보관할 수 있도록 도와, 고래기름이 주요 에너지 자원으로 활용되던 시대에 중요한 역할을 했다.

 이러한 해체 도구와 기구들은 오늘날 울산 장생포 고래박물관에 전시되어있다. 박물관을 방문하면 당시 고래잡이와 해체 과정을 엿볼 수 있는 도구들을 직접 볼 수 있으며, 이를 통해 한반도 포경업의 역사를 생생히 느낄 수 있다.

고래고기의 12가지 맛

　울산 남구 장생포항 주변을 따라가다 보면 곳곳에 고래고기 전문점의 간판이 눈에 들어온다. 수십 년간 대를 이어 오면서 영업을 한 상태가 건물과 간판만 봐도 세월이 느껴진다.
　우리나라에서는 울산 장생포와 포항 죽도시장, 부산 자갈치시장 등에서 고래고기를 많이 취급한다. 장생포에는 현재 20여 곳 정도가 고래고기 전문 음식점을 운영하고 있으며 죽도시장과 자갈치시장에서도 고래고기를 취급하는 음식점을 쉽게 볼 수 있다.
　고래고기는 단백질, 저열량, 저지방 식품이고 칼슘, 철분 등 미네랄과 비타민 A, 비타민 B1, 비타민 B2, 나이아신 등 비타민이 골고루 들어있다.
　살고기는 단백질 함량이 100g당 26.5g(꼬리는 28.4g)으로 소고기나 돼지고기에 뒤지지 않으며, 콜레스테롤 함량은 소고기의 약 3분의 2 수준으로 낮아 건강에 유익한 고단백 식품으로 평가받는다.

또한, 오메가3 지방산인 EPA와 DHA를 다량 함유하고 있어 심혈관 건강에 좋으며, 철분 함량이 높아 빈혈을 겪는 임산부에게도 좋은 식재료로 알려져 있다. 특히, 고래고기에는 불포화지방산이 풍부해, 노화를 방지하고 피부를 부드럽게 만들어주는 등 건강과 장수에 도움을 주는 음식으로도 잘 알려져 있다. 다음은 고래고기를 맛있게 먹는 방법이다.

고래고기를 더욱 맛있게 즐기기 위해 부위별로 어울리는 소스를 활용하는 것이 중요하다.

고래 껍질은 소금, 된장, 멸치젓과 함께 먹으면 고소한 풍미를 살릴 수 있다.

오노미(고래 꼬리 쪽 살코기)는 초장과 와사비가 잘 어울리며,

오배기(지느러미와 꼬리)는 초장을 곁들이면 특유의 쫄깃함을 즐길 수 있다.

우네(부드러운 뱃살과 가슴살)는 고추장과 와사비가 궁합이 좋다.

생고기나 생우네는 초간장 소스가 좋다.

부위별 고래고기의 독특한 식감 또한 별미로 꼽힌다. 쫄깃하고 씹는 맛이 일품인 꼬리와 지느러미, 짙은 풍미를 가진 내장, 입안에서 부드럽게 녹는 뱃살 등 부위마다 특징이 뚜렷하다. 특히 고래고

기를 처음 접하는 사람에게는 육회처럼 담백하게 즐길 수 있는 생고기가 적합하다.

 이처럼 고래고기는 고기 본연의 맛뿐 아니라 다양한 전용 소스를 활용해 새로운 풍미를 더 할 수 있는 독특한 음식이다. 고래고기 요리에는 많게는 7가지 이상의 소스를 활용해 부위별 맛을 극대화하는 것이 특징이다.

고래고기는 영양학적으로도 최고의 음식으로 손꼽는다. 고단백, 저열량, 저지방 식품으로 성장기 어린이나 저혈압 환자 등에게는 특히 좋다고 한다.

고래고기는 부위에 따라 맛이 다른 것이 특징이다. 무려 12가지 이상의 다양한 맛을 지니고 있다. 고래고기 육질은 생선회처럼 부드러운데 맛은 소고기와 흡사하여 살코기, 껍질, 혓바닥, 잇몸, 내장, 목살 꼬리, 뱃살, 허파, 지느러미 등 모두를 즐겨 먹기도 하는데, 식미에 따라 소금이나 젓갈에 찍어 먹으며 묵은지에 싸서 먹기도 한다.

그중 가슴살을 최고로 친다. 꼬들꼬들한 껍질과 껍질 안쪽에 붙은 기름이 녹은 맛이 일품이다. 붉은 살코기는 육회로 먹는 게 맛있다. 배를 썰어 넣고 참기름을 양념으로 무쳐 고소한 맛을 낸다. 목살과 가슴살을 얇게 썰어 초장이나 겨자 간장에 찍어 먹은 우네, 꼬리지느러미를 소금에 절였다가 뜨거운 물에 데친 오배기, 고기를 썰어 막장·고추장에 바로 찍어 먹는 막찍기 등도 인기 메뉴다.

고래는 바다에서 살아 육질은 생선회처럼 부드럽고 포유류라 소고기와 비슷한 맛이 난다. 콩팥, 지느러미는 대게 수육을 해 먹는다. 고래고기 육회는 소고기 육회와 비슷하다.

어릴 적 집안에 잔치나 큰일이 있을 때면 상 위에는 꼭 고래고기 특정 부위인 꼬리지느러미가 올라오곤 했다. 이 고기는 소금에 절였다가 뜨거운 물에 데쳐 커다란 접시에 먹음직스럽게 담아내는 특별한 음식이었다. 당시 어린 우리는 저것이 무엇인지 궁금했는데, 도우미로 온 앞집 아주머니가 "고래고기"라고 알려주었다. 1960년대 말에서 1970년대 초까지 자주 보던 친숙한 음식이었다.

한 해의 조업을 마친 방어진 뱃사람들의 합동 회식 날이면 단골로 올라오던 메뉴가 바로 고래고기였다. 또, 뒷집 큰아들이 군에 입대한다고 동네 처녀·총각들을 불러 모아 장구 치며 흥겹게 놀던 날, 큰 함지박에 썰어 놓은 오배기 위에 시원한 찬물을 부어내던 광경도 잊을 수 없다.

뿐만 아니라, 일가친척이 시집이나 장가 가는 날 마당 한가운데 자리를 깔고 커다란 상 위에 정성껏 올려졌던 음식이 바로 고래고기 오배기였다. 오돌오돌 씹히는 특유의 식감과 풍미가 일품이던 이 음식은 방어진 동진마을 사람들에게 잊을 수 없는 맛의 상징이었다.

이제는 그런 상차림의 고래고기를 보려면 전문음식점을 찾아야 겨우 그 시절의 맛과 추억을 떠올릴 수 있다. 하지만, 그 시절 마을 잔치에서 오배기 한 접시를 즐기던 그 아련한 풍경은 필자가 살았던 울산 방어진 동진마을의 따뜻한 기억으로 여전히 남아 있다.

해체된 고래고기 선원들에게 한몫씩 나누어주다

큰 철선에는 선원 수가 목선보다 3~4명이 많으며 해부장까지 승선시켜 웬만한 크기의 고래는 해체작업을 갑판에서 직접 했다. 이때 고래 해체를 전담하는 해부장은 정식 복장을 한다. 고래 해체용 장화, 해체용 긴 칼, 허리에 찬 숫돌 등 여러 도구를 갖추고 작업에 임했다.

선상에서의 해체작업도 육지와 같이 1m가 넘는 도경용 칼을 들고서 고래의 목 부분을 절단하는 것으로 시작한다. 목은 고래고기 신선도 유지를 위해 가장 먼저 절단한다. 그다음에는 등지느러미와 꼬리지느러미 위쪽을 자르고 갈비, 내장 순으로 들어낸다. 선상 갑판이지만 5~6m 정도의 밍크고래는 2~3시간이면 해체작업을 완료했다고 한다.

철선 위에서 고래 해체작업이 이루어질 때, 해부장은 고래를 적당한 크기로 여러 토막 내어 비슷한 무게로 나누어 놓는다. 이는 포경선이 항구에 입항하기 전에 미리 선원들의 몫으로 나누어진 고래고기 덩어리였다.

그러나 고래의 크기와 포획 상황에 따라 선원들에게 고래고기가 돌아가는지는 달라졌다. 너무 큰 고래를 잡았을 때는 나눌 여력이 없었고, 반대로 출항했지만, 고래를 잡지 못하고 돌아올 때는 고래고기를 구경조차 할 수 없었다.

적당한 크기의 밍크고래를 포획했을 때는 선원들에게 한 몫씩 고래고기를 나누어주었다. 이렇게 받은 고래고기는 선원들마다 각자의 상황에 따라 다양한 방식으로 활용되었다. 예를 들어, 총각인 화장은 받은 고래고기를 바로 선술집으로 가져가 술안주와 술값으로 맞바꾸곤 했다. 용돈이 부족한 선원들은 골목 해장국집 아주머니에게 고래고기를 팔아 용돈을 마련하기도 했다.

반면, 여유가 있는 선장이나 기관장은 자신이 받은 고래고기를 집으로 가져가 가족들과 나눠 먹고, 남은 고기는 이웃들에게 나누어주며 공동체 문화를 실천했다.

어떤 선원들은 아예 창고를 만들어 고래고기를 소금에 절여 보관하며 1년 내내 즐겨 먹기도 했다. 나무 상자에 저장된 고래고기는 선원 가족들에게 일상적인 별미로 자리 잡았고, 이는 포경선에 몸담았던 선원 가정만이 누릴 수 있는 특혜였다.

1960년대 말에서 1970년대 초, 현대조선이 들어오기 전 필자가 살던 동진마을에도 포경선 선원이 몇몇 있었지만, 그 수는 손에 꼽을 정도로 적었다. 이웃한 방어진 읍내 마을에는 상대적으로 더 많은 포경선 선원들이 살았던 것으로 기억된다.

포경선 선원들에게 한 몫씩 나누어 주던 고래고기는 단순히 식재

해체된 고래고기 선원들에게 한몫씩 나누어주다

료로써의 가치를 넘어, 이웃 간의 화목한 관계를 만들어가는 데 크게 기여했다. 이는 포경선만이 가진 독특한 문화였고, 고래고기를 매개로 한 선원들과 지역 주민 간의 따뜻한 정이 오가는 모습은 당시 마을의 특별한 풍경 중 하나였다.

그러나 이제는 그 시절의 문화와 모습은 모두 사라지고 말았다. 고래고기를 통해 나누던 정과 이웃 간의 소통은 아련한 추억으로 남아, 더 이상 볼 수 없는 과거의 한 장면으로 기억되고 있다.

선술집과 골목길 그리고 시장통에서 만난 고래고기

고래 해체장에서 부위별로 나눠진 고래고기는 약간의 손질과 가공을 거친 후, 수출용 고래고기와 국내용 고래고기로 구분된다. 초창기에는 국내 소비용으로 사용되었지만, 일본 회사와 거래가 이루어지면서 점차 고래고기는 수출되었다.

고래막은 고래고기를 삶아서 팔던 곳으로, 울산 장생포 곳곳에 있었지만, 지금은 거의 없어지고 몇 군데만 남아 있다. 현재 장생포 우체국을 지나 울산세관 통선장 사이에 낡은 양철지붕 건물이 장생포의 대표적인 고래막으로 남아 있다.

고래막에서 삶아낸 고래고기는 여러 곳으로 보내지기도 하고, 그 자리에서 판매되기도 했다. 마을의 할머니들과 아주머니들은 고래막에서 고기를 떼어 와서 짚으로 묶어 동네 골목과 주변 마을을 다니며 행상을 했다. 고래막집은 고래고기를 삶아 파는 도매상이었고, 할머니들과 아주머니들은 그 고래고기를 팔기 위한 소매상 역할을 했다.

삶은 고래고기를 담은 함지박(반티)을 머리에 이고 다니던 반티 할머니와 아주머니들의 모습은 이제 사라졌지만, 그 시절의 기억은 여전히 아련하게 남아 있다. 필자가 살던 방어진 동진마을에도 고래고기를 머리에 이고 팔러 다니던 고래고기 장사 아주머니가 있었다.

어릴 적 집 마당에서 놀고 있으면 담장 너머로 들려오는 그 소리는 아직도 귀에 생생하게 들린다. 담장 너머는 조금 가파른 골목길이었고, 그 길을 따라 좌측과 우측에 대여섯 집이 길게 늘어서 있었다. 그 중 첫 번째 집이 바로 필자의 집이었다.

어느 날, 아주머니는 머리에 이고 있던 함지박(반티)을 잠시 내리고 고래고기가 덮인 누런 삼베적삼 보자기를 열어 보이며 "고래고기가 얼마나 좋은교? 좀 사이소"라고 말하며 엷은 미소를 띠었다. 함지박에 담긴 삶은 고래고기는 반질반질 윤기가 나고 기름기가 철철 넘쳐 보였다. 그 모습을 보며, 대부분은 사 먹지 못했지만, 어쩌다 한번 그 고래고기 장사를 불러서 한 덩어리를 사서 저녁상에 올려놓았던 그 시절의 밥상이 떠오른다.

고래고기 장사 아주머니가 골목골목 다니면서 외치던 곡조 같은 그 노랫말이 마치 어제 들은 것처럼 선명하게 떠올라 가슴 뭉클하다.

고짜로 시작해 기짜로 끝나던 그 곡조 같은 노랫말은

"고래고기 사이소~~~~ 고래고기, 고래고기 사소오~~~~ 고래고기, 고래고기 사소, 오오~~~"

고래고기 하면서 3번을 복창하고 쉬었다가 또다시 3번을 복창하며 이 골목 저 골목으로 팔러 다녔다.

포경선 선원들이 먹던 추억의 해장국에는 특별한 이야기가 있다. 처음에는 고랫배 선원이 작은 식당을 운영하며 시작되었는데, 그 식당은 주로 고래 해체장에서 자투리 고기를 얻어와, 이를 이용해 해장국을 끓여 선원들에게 제공했다. 자투리 고기들은 고래의 다양한 부위와 지방을 포함하고 있었으며, 그것을 된장, 고추장, 푸성귀와 함께 끓여내었는데, 이 맛이 선원들에게 큰 인기를 끌었다. 선원들은 배고픈 몸과 힘든 일정을 견디며 그 해장국을 먹으며 몸을 추스르곤 했다.

이 해장국은 빠르게 소문이 나면서, 점차 그 작은 식당은 변화를 겪게 되었다. 점차 생고기로 만든 막찍기와 육회 등 안주가 나오는 선술집으로 바뀌었고, 선원들의 애환을 달래는 중요한 장소가 되었다. 나중에는 단순한 해장국집을 넘어서, 선원들이 하루의 고단한 일과를 마친 뒤에 모여서 서로의 이야기를 나누고, 고래고기와 함께 술을 즐기던 장소가 되었다.

이 해장국집은 간판도 없이, 출입문에 작은 페인트로 "해장국집"이라고 적혀 있었을 뿐이었다.

선술집과 시장통 좌판

  이런 소박한 모습 속에서도, 그곳은 선원들과 마을 사람들에게 중요한 역할을 하며, 바쁜 일상 속에서 작은 휴식처가 되어 주었다. 이 해장국집에서 먹던 고래고기 해장국은 그 시절의 추억을 간직한 중요한 음식이었으며, 그 맛은 지금도 많은 이들의 기억 속에 남아 있다.

1960년대 울산 장생포의 버스 종점 근처에는 두 명의 할머니가 운영하던 주막 같은 작은 가게가 있었다. 이곳은 포경선원들이 자주 찾던 선술집으로, 선원들이 갖고 온 고래고기를 이용해 즉석에서 다양한 안주를 만들어주던 장소였다. 선원들이 고래고기를 들고 들어오면, 할머니들은 고래고기 부위를 잘라서 된장국, 고추장 양념에 볶아내거나, 삶아서 술안주로 제공했다. 그런 즉석 안주들은 선원들에게 하루의 피로를 풀어주고, 고된 작업을 마친 후 기운을 차리게 해주는 중요한 음식이었다.

이런 술집은 여러 곳에 있었고 선원들의 왕래가 끊이질 않았다. 그곳은 늘 북적였고, 선원들의 이야기가 떠들썩하게 흘러나왔다. 하지만 세월이 흐르면서 이런 선술집은 하나둘 사라졌다. 울산 방어진과 장생포 주변은 급격하게 변화했다. 특히 포경업이 사라지면서 고래고기를 주제로 한 문화도 함께 사라졌다.

인간 세상사 이런 면이 있으면 저런 면도 있듯이 정반대가 되는 고급 요릿집의 이야기도 있다. 잘나가는 포수를 기다리는 한일관, 평양관 등 요정도 서너 곳 있었다고 한다.

당시 이름난 포수는 선주와 연봉계약을 하고서 배를 탔다 하니 그 주가는 하늘을 찌를 듯했다. 이야기보따리를 조금 더 풀어보자.

1960년대 초 당시 울산 장생포에는 술 만드는 양조장이 있었는데 동네의 구멍가게에서 사는 것보다 더 많은 술을 주전자에 담아 주었다. 술을 받아오다 너무 무거워 조금씩 먹다 보니 그만 취해서 비틀거린 추억도 있다. 심부름하던 시절 지역마다 있었던 양조장을 우리는 술도가라고 불렀다.

유일한 학교 장생포 초등학교는 어촌마을의 학교 정도로 볼 수 있지만, 역사가 있다. 1920년 일본 학생을 위한 울산만 공립소학교를 건립했다가 1945년 해방 후 장생포 초등학교로 재개교한 백 년을 넘긴 학교다. 또 한국인 어머니와 미국공군장교 사이에 태어난 가수 윤수일이 이곳 장생포 출신이다. 윤수일의 환상의 섬 가사 말에 나오는 그 섬은 장생포 초입에 있던 죽도 섬을 말한다. 현재 그 죽도 섬은 매립되어 울산항 해상 관제탑이 자리하고 있다.

1960년대 초중반, 울산 방어진읍의 시장통은 포경업의 전성기와 맞물려 매우 활기차고 붐볐다. 방어진읍의 시장은 고래고기로 가득 찼다. 시장의 분위기는 말 그대로 '물 반 고래 반'이었으며, 사람들이 발을 디딜 틈도 없이 바쁜 모습이었다.

방어진읍에는 여러 자연부락이 있었고, 내진, 중진, 서진, 상진, 북진 마을이 중심이 되어 시가지를 형성했다. 당시 서진 마을에 있는 읍내 시장은 특히 고래고기를 판매하는 중요한 중심지였으며, 이 지역은 일본식 건물이 많아 특유의 분위기를 자아냈다. 반면, 필자가 살던 동진 마을은 읍내와는 조금 떨어져 있었고 대부분 초가집이었기 때문에 읍내와의 차이가 뚜렷했다.

방어진 시장에서는 좌판에서 삶은 고래고기가 주로 팔렸다. 고래고기는 도마 위에 올려져 있었고, 가격에 맞게 썰어 주는 방식으로 판매되었다. 고깃덩어리는 윤기가 흐르고 기름이 철철 넘쳐 보였으며, 여러 할머니와 아주머니들이 앉아서 팔았다. 좌판에는 두부보다 조금 더 큰 고깃덩어리들이 놓여 있었고, 고깃덩어리들은 주로 썰고 남은 부분이 작은 조각으로 나뉘어 있었다.

이 시장통의 분위기는 단순히 고기만 파는 곳이 아니었다. 각종 잡화상과 함께, 고래고기를 안주로 한잔 걸칠 수 있는 대폿집들이 자리 잡고 있었다. 대폿집의 출입문 유리에는 붉은색 페인트로 '대포', '왕대포'라고 적혀있어 그 분위기를 더욱 돋보이게 했다. 시장통 출구 쪽에는 고래고기를 새끼 끈에 묶어 집으로 가는 사람들의 모습도 쉽게 눈에 띄었다.

고래는 방어진 읍내 시장통에서 중요한 역할을 했다. 포경선 선원들이 잡아 온 고래는 서진 마을 시장과 가까운 동진 마을의 고래 해체장에서 해체되어 방어진 읍내 시장에 나왔다.

이러한 고래고기 이야기는 단순한 역사적 사실을 넘어서, 당시 사람들의 삶과 문화를 이해하는 중요한 단서가 된다. 고래고기는 방어진 사람들에게는 일상적인 식사였고, 시장통의 풍경은 지역 경제와 사회적 연대를 나타내는 중요한 상징이었다.

제 4 장

포경선 선원 삶의 현장 이야기

포경선의 최고등급 포수를 스카우트하라

포경선은 일반 선박과 달리, 선장이 아닌 포수가 리더 역할을 맡는 독특한 시스템을 가지고 있다. 따라서 고래를 추적하고, 작살을 정확히 명중시켜 고래를 포획하는 포수가 포경선의 절대적인 권위를 가지게 된다.

명포수로 평가받기 위해서는 단순히 고래에 작살을 맞추는 기술만으로는 부족하다. 진정한 명포수는 고래의 복부를 정확히 겨냥해 즉사시키는 실력을 갖춰야 한다. 이는 고래의 사체를 신선하게 유지하기 위함이며, 이러한 능력은 선주들에게 높은 가치를 인정받았다. 뛰어난 포수들은 오늘날의 스포츠 스타처럼 거액의 스카우트 비용을 받고 선주 간에 이동하며 근무하기도 했다.

포수를 잘 만난 선원들은 고래사냥의 성과에 따라 두둑한 수당을 받을 수 있었지만, 그렇지 못한 경우 몇 달간 임금을 받지 못하기도 했다. 연간 수입을 따져 보면 명포수를 둔 포경선과 그렇지 못한 포경선 간의 차이는 엄청났다.

포경선은 고래를 빠르게 추격하기 위해 날렵하고 슬림한 디자인으로 건조되며, 일반적으로 450~500마력 정도의 강력한 엔진을 장착했다. 이러한 속도로 인해 한때는 해양경찰조차 포경선을 따라잡지 못했다는 이야기가 전해진다. 전성기에는 한 척의 포경선이 한 해에 최소 50마리에서 많게는 90마리의 고래를 잡았다고 한다. 고래가 아래와 같은 타이밍을 감안하여 작살을 발사하는데, 경험 많은 포수들은 결코 헛방을 치지 않았다.

[포를 쏠 때의 타이밍과 고려사항]

포경선에서 고래를 사냥할 때 포를 쏘는 타이밍은 고도의 기술과 경험을 필요로 한다. 주로 다음과 같은 조건과 상황을 고려하여 타이밍을 잡는다.

목표 거리 : 고래가 포경선에서 너무 멀면 정확도가 떨어지고, 너무 가까우면 위험할 수 있다. 일반적으로 30~40m 정도의 거리가 가장 적절한 사정거리이다.

고래의 움직임 : 고래가 잠수하거나 빠르게 이동하는 경우에는 쏘기 어려워서, 고래가 비교적 천천히 헤엄치거나 수면 가까이 머무르는 순간을 노린다.

포지셔닝 : 고래가 선박과 일직선으로 있거나 사격 각도가 이상적인 위치에 있어야 한다. 사격 각도는 정확도를 높이고 고래를 효율적으로 제압하기 위해 중요하다.

고래의 숨 쉬는 순간 : 고래는 주기적으로 숨을 쉬기 위해 수면으로 올라온다. 이 순간은 고래의 위치가 명확해지고 표적이 커지기 때문에 가장 흔히 포를 쏘는 타이밍으로 사용된다.

바람과 물결 상태 : 날씨와 바다의 상황도 고려해야 한다. 높은 파도나 강한 바람은 정확한 사격을 방해할 수 있다.

안전성 확인 : 고래가 선박에 너무 가까이 있거나 위험한 위치에 있으면 사격하지 않고 상황이 안정될 때까지 기다린다.

포경선에서 포수는 당시 젊은이들에게는 최고의 직업으로 여겨졌다. 고래를 나눌 때도 가장 큰 몫은 당연히 포수의 몫이었다. 포획량에 따라 나뉘는 수입 구조는 명포수를 만날 경우와 그렇지 않을 경우의 차이를 극명히 드러냈다. 이로 인해 포수의 가치는 하늘을 찔렀고, "울산 장생포 포수는 울산 군수와도 안 바꾼다"라는 말이 나올 정도였다. 포경선의 세계에서 포수는 그야말로 최고의 전문직업인이자, 고래사냥의 중심이었다.

〈선주가 포수를 스카우트하는 이야기〉

신 선주는 사업번창을 위해 명포수를 스카우트하려 마음먹고 며칠 밤을 생각하고, 고민한 끝에 돈뭉치를 신문지에 둘둘 말아 점퍼 안주머니에 넣었다. 포수의 집에 찾아갈까 아니면 장생포 읍내 다

방에서 만날까 고민하다가 다방에서 만나 담판을 짓기로 결심한다.

장생포 읍내 다방의 오후. 어두운 구석진 자리에 앉아 있던 김 포수는 엽차를 앞에 두고 묵묵히 생각에 잠겨 있었다. 맞은편에는 신 선주가 앉아 있다. 그의 점퍼 안주머니는 묵직하게 불룩했다.

"김 포수"

신 선주가 담배 한 개비를 꺼내 김 포수 쪽으로 밀었다.

"이 청자 담배 한 번 맛보시오."

김 포수가 담배를 집어 들었지만 바로 피우지는 않았다. 그는 신 선주의 눈치를 살피며 담배를 손가락 사이에서 굴렸다.

신 선주는 말을 꺼내며 본론으로 들어갔다.

"이 돈…. 그냥 보너스라 생각하시오. 우리 배 좀 타주면 좋겠소."

김 포수는 고개를 들었다.

"보너스요?"

"예. 조건 같은 거 붙이는 거 아니니 걱정하지 마시오. 이건 진심이요. 우리 배에 김 포수 같은 명포수가 필요해서 그렇소."

신 선주는 담담하게 말했지만, 목소리에는 간절함이 묻어났.

김 포수는 엽차를 한 모금 마시며 여유롭게 말했다.

"흠…. 단순히 돈만으로 움직이는 건 아닙니다."

신 선주는 다급하게 고개를 끄덕였다.

"알지요. 그렇지만 이번 기회는 다릅니다. 김 포수님만 우리 배에 타 주시면…. 우리 사업은 확 달라질 겁니다. 고래도 더 많이 잡을 테고, 선원들도 웃으면서 일할 수 있을 거요."

"그렇게 간단한 문제가 아니에요. 선주 님."

김 포수가 담배를 입에 물며 성냥을 켰다.

"내가 배를 옮기면 이쪽저쪽 다 흔들리는 거 아시죠?"

"알지요, 알지. 그래서 이 돈도 있는 거요."

김 포수는 돈뭉치를 흘끗 보더니, 미간을 살짝 찌푸렸다.

김 포수는 담배 연기를 길게 내뿜으며 한참 동안 말이 없었다. 고개를 끄덕이지도, 부정하지도 않았다. 신 선주는 속이 타들어 갔다.

"선주 님."

김 포수가 마침내 입을 열었다.

"한 가지 물어보겠소. 내가 배를 옮기면, 지금 제가 받는 돈보다 2할 더 줄 수 있습니까?"

"당연하지요!"

선주는 바로 대답했다.

"포수님만 믿고 모든 준비를 할 겁니다. 선원들이든 배든, 필요한 건 뭐든지."

김 포수는 잠시 더 생각하다가, 천천히 고개를 끄덕였다.

"좋습니다. 합시다."

그 말을 들은 선주는 안도의 한숨을 내쉬며 자리에서 일어섰다.

"정말 감사합니다. 천군만마를 얻은 기분입니다."

장생포 읍내 다방, 그날의 밀담은 그렇게 막을 내렸다. 선주는 두

손으로 돈뭉치를 건네며 미소 지었고, 김 포수는 천천히 자리에서 일어나 다방을 나섰다. 이제 그에게는 새로운 항해가 기다리고 있었다.

　다음은 포경선의 포수위상에 비해 따라붙은 이야기와 말이 있는데 의외로 간단한 것 같아 기록해 두고자 한다.
　- 명포수는 매뉴얼이 없으며 포수의 급료는 선장의 배가 넘는다.
　- 포수는 면허도 없다. 시험 칠 필요가 없으며 좀 무식해도 포를 쏘아 고래를 잡는 게 최고의 포수다.
　- 경험으로 감각적으로 작살포를 쏘아 고래를 잡았다.
　- 정신무장을 하고 오직 고래를 잡는 데 집중해 조업에 임했던 포수가 생산량이 많다.
　이러한 포수가 명포수다. 결과적으로 바닥이 좁으니 다들 보는 시각이 있었다. 일단 소문이 나면 선주는 발 빠르게 스카우트한다.
　아주 큰 기술이라도 숨겨져 있는가, 궁금했는데 명포수의 기술, 기능은 어디에도 없다. 너무도 간단한 진리밖에 없어 더욱 흥미로운 것 같다. 고래를 잘 잡는 것, 그것이 곧 기술이다.
　포경선의 역사 속에서 절대적인 존재로 이름난 포수들이 있었다. 방어진 최초의 포수로 알려진 이는 청진호의 황경춘이었다. 그는 외눈박이 포수로, 기관장과 포수 역할을 모두 도맡으며 선상에서 독보적인 존재감을 드러냈다.

또 다른 포수로는 어성호의 이만출이 있다. 그는 17세 어린 나이에 포경선에 승선한 뒤 무려 33년간 고래잡이배를 타며 바다와 함께 살아온 전설적인 인물이었다.

장생포항 소속 대양호의 박기목 포수는 1977년 1월 방어진 앞바다에서 귀신고래 두 마리가 남하하는 모습을 목격했는데, 이는 기록상 마지막으로 확인된 귀신고래였다.

장생포항의 제6진양호 포수 손남수 또한 빼놓을 수 없다. 그는 17세에 고래잡이배에 올라 27세에 선장이 되었고, 31세에는 포경선에서 가장 높은 자리에 오른 포수가 되었다. 특히 그는 기록상 가장 큰 고래로 알려진 72척(약 22.8m)의 고래를 잡은 인물로 전해진다.

장생포 최고의 포수로 꼽히는 이는 단연 이승길 포수다. 그는 1982년 울산 근해에서 길이 22m의 참고래를 잡았는데, 이는 울산에서 기록된 마지막 참고래 포획이었다. 이승길 포수는 동방호와 진양호에서 활동하며 이름을 날렸고, 1970년대에는 「일동제약 아로나민」 광고 모델로도 등장했다. 그의 광고 모델 사진은 지금도 울산 장생포 고래문화마을의 '포수의 집' 벽에 전시되어있다. 벽에는 그를 비롯한 명포수들의 여러 사진과 함께, 그들이 남긴 흔적들이 고스란히 담겨 있다.

1950년대 들어 여러 포경회사가 설립되며 포경업이 활발히 전개되던 시절, 당시를 기억하는 장생포의 노인들은 대표적인 포수로

장상호와 김무용을 꼽는다. 장상호 포수는 일제강점기 말기에 밍크고래 포경선에서 활동하며 실력을 쌓았고, 광복 후에는 울산 장생포에서 명포수로 이름을 떨쳤다. 그는 1980년대 초까지도 포경선에서 활동하며 포수로서의 길을 걸었다.

이와 함께 유남줄, 방만술, 노귀출 등도 당대에 명포수로 이름을 알린 인물들이다. 이들은 모두 장생포의 포경업 역사에서 빼놓을 수 없는 중요한 존재들이었다.

현재 이들 대부분은 세상을 떠났으나, 그 시대를 기억하는 생존 포수들도 있다. 김용필 포수와 추소식 포수는 장생포 포경선의 막내 포수였다. 김용필 포수는 국내 한 척밖에 없는 현재 장생포 고래바다여행선 도우미로 활동하고 있다.

"작살이 고래 등에 꽂히면 네 가닥 갈퀴가 우산처럼 쫙 펼쳐! 그러면 제아무리 몸부림을 쳐도 소용이 없어, 빠지지 않으니까.!"

고래 이야기를 꺼내자 끊임없이 말을 이어갔다.

"작살 밧줄만 놓치지 않으면 고래를 잡는 거지, 길어도 30분이면 지쳐서 항복해, 한창때는 포를 쏘면 열에 아홉은 어김없이 명중이었어!."

그는 1950년대 말 17세부터 포경선을 탔다. 당시 참고래 한 마리가 쌀 300가마 값어치가 나갔으니, 큰돈을 만지려고 포경선으로 많이 몰려들었다고 한다.

1960년대 들어 고래고기가 일본으로 수출되면서 장생포에는 경기가 좋았다. 당시 솜씨 좋은 명포수는 선주들이 서로 데려가려고 난리였고 월급이 100만 원이 넘는 포수가 상당수였다.

김 씨는 작은 목선에서 화장(조리사)과 세라(갑판원)를 거쳐 1970년대 초 꿈꾸던 포수가 됐다. 고래잡이배 탄 지 15년 남짓만이었다.

그는 "고래는 눈으로 잡는데 내가 제법 눈이 좋아. 다른 포수들이 귀여워했어."라고 했다. 그는 한 해 평균 수십 마리씩 고래를 잡았다. 밍크는 3월~7월, 참고래는 8월~10월, 귀신고래는 11월~12월 철이었다. 유명한 장 포수 밑에서 포수 일을 배울 때 76자짜리(25m) 나가수(참고래)도 잡아봤다고 한다. 당시 장생포에는 김 씨를 포함한 수십 명의 포수가 바다를 누볐다.

포수로서 최고의 솜씨를 자랑할 때쯤 1985년을 끝으로 상업 포경 금지조치로 일손을 놓았다. 마흔 다섯때다.

이후 포수와 선원들은 전국 각지로 뿔뿔이 흩어졌고 김 씨도 장생포 바닷가에 작은 횟집을 차리고 작은 낚싯배로 고기를 잡아 생계를 이었다.

2000년대에 들어 국내 연안 고래연구가 활발해지면서 수년간 고래연구소 도우미로 일했다. 연구소 고래 조사선을 타고 동해에서 서해까지 연안을 따라 고래목시(目視, 눈으로 찾기) 조사에 참여하기도 했다.

이번에는 추소식 포수다. 그가 활약한 시절에는 주로 밍크고래를 잡았다고 한다. 포수로 일한 15년간 약 450마리의 고래를 잡은 것으로 추산된다고 한다. 그 이전 포경선의 주요 사냥감이던 참고래가 남획으로 개체 수가 크게 줄어서이다.

장생포 고래문화마을 포수의 집에 들어서면 마도로스 복장을 한 추소식 노신사가 관광객을 맞는다. 그는 포경선 선장과 포수로서 바다에서 대형고래를 잡았던 실제 인물이다.

그는 장생포와 고래잡이의 역사를 설명하는 해설사로 근무 중이며 장생포 포경선 포수 중에서는 막내다. 그에게 일을 가르친 선배 포수들은 거의 세상을 떠났다. 1958년 선원으로 포경선 생활을 시작한 그는 1970년부터 포경이 금지된 1985년까지 포수로 활약했다.

마지막으로 당시 포수의 생활 수준은 어떠했는지 살펴보자.

포경선의 포수는 최고의 전문직업인으로 월급만 당시 돈으로 100만 이상 받는 포수들이 많았다고 한다. 1970년대 초중반 당시 울산 동구 현대 조선소에서 받은 월급이 10만 원이 채 못되었을 때다.

1960년대 후반에서 1970년대 초, 울산 동구 방어진의 동진마을에는 이름난 포수, 유남줄이 살고 있었다. 방어진에는 당시 자연부락이 약 10여 곳 있었는데, 그중 동진마을은 옛 방어진항(중진마을)과 슬도 섬 사이에 있는 제법 큰 규모의 마을이었다. 약 100호가 넘는 가구가 모여 살았으며, 집들은 70%가 초가집, 10~20%가 도단

집과 기와집, 나머지 10% 정도는 일본식 가옥으로 이루어져 있었다.

경제적으로 어려운 시절이었음에도 동진마을에는 눈에 띄는 새 양옥집이 하나 생겨났다. 기와와 슬레이트를 혼합해 지붕을 마감하고, 본체는 양옥 형태로 지어진 집이었다. 바로 유남줄 포수의 집이었다. 당시 주민들은 포경선을 '고랫배'라고 불렀는데, 유남줄 포수의 집은 고랫배 포수의 높은 소득을 상징적으로 보여주는 사례였다.

유남줄 포수의 집 가까이에 살던 주민들은 그가 잡아 온 고래고기를 함께 나누며 서로 정을 나누었다. 100호 정도 되는 동진마을에서도 손꼽히는 부유한 가구 중 하나였던 그의 집은 마을 주민들에게 강렬한 인상을 남겼다. 필자 또한 당시 동진마을에 살며 유남줄 포수의 집을 직접 목격했다.

마을에는 고랫배 선원이 서너 명 정도 있었는데, 이들 중 일부는 유남줄 포수의 추천으로 고랫배 선원이 되었다. 동진마을의 사정을 속속들이 알던 필자는 선원들의 집안 형편이 점차 나아지는 모습을 보며, 포경선원이 얼마나 좋은 직장이었는지 체감할 수 있었다.

선장과 기관장의 이야기

　선장은 포경선의 안전 항해를 위하고 선원을 통솔하는 책임자이며 국가에서 시행하는 국가고시에 응시하여 항해사 자격증을 획득한 사람이다. 선박검사를 받을 때는 선장 면허가 필요하며 혹시 문제가 생기면 법적 책임은 선장이 지고 실질적인 책임은 포수가 진다. 통상적으로 선장은 배를 탄 경험이 있고 시력이 좋은 사람이 맡아서 한다. 이처럼 기본적인 사항들을 갖추고 있어야만 포경선의 선장이 될 수 있다.
　다음은 한반도 근해 포경사에 남길만한 기록을 가진 선장에 관한 이야기다.
　포경이 금지된 울산 장생포항에는 1985년 말부터 20년 동안 폐가옥처럼 떠 있던 포경선 진양호와 제6진양호가 있었다.
　그런데 2004년 말 이 배들을 해체하던 중 진양호 선실 바닥에서 귀중한 자료들이 발견됐다. 1979년부터 1980년의 고래잡이 항해

일지와 1975년부터 1983년까지 배를 탄 사람들의 이름, 직급, 월급 등을 기록해 놓은 선원명부였다.

제5진양호 선장 김수식이 작성한 이 일지는 색이 바래고 좀 삭기는 했지만, 출항, 항로, 시간, 고래발견지점, 추적과정, 작살을 쏘아 명중시킨 시간과 끌고 온 시간, 도착지 등이 분 단위로 기록되어 있었다.

우리 민족이 수천 년 동안 고래와 관계를 맺어왔음에도 포경업에 대해 제대로 된 기록 하나 없었기에 소중한 자료가 아닐 수 없다. 고래가 계절에 따라 어떻게 움직이는지도 보여주었다. 포경업이 전면 금지된 현 상황이 계속된다면 전무후무한 기록이라 할 수 있다.

항해일지에 남긴 기록을 보면 다음과 같이 쓰여 있다.

[1980년 2월 28일 제5진양호는 울산 장생포를 떠나 29일 오전 전북 어청도 앞바다에 진출했다. 오후 1시 밍크고래 한 마리를 발견해 따라가다 높은 파도 때문에 놓쳐 버리고 2시 42분 50m 앞에 고래가 나타나자 2시 50분에 포수가 작살 한 발을 쏴 명중시킨다. 피를 흘리면서 도망을 가던 고래를 4시 30분에 포획됐고 5시 40분 어청도 간이 기지에 도착했다]고 되어있다. 이때 잡은 고래의 몸길이는 24척(7, 27m)이었다. 이처럼 기록을 남긴 제5진양호 김 선장의 기록 정신에 찬사를 보내고 싶다.

포경선의 선장은 남달리 뚝심도 있어야 한다. 망망대해에서 망루에 올라 고래를 찾다 마침 발견한 고래를 쫓아가려면 끈기와 인내

심도 있어야 하기 때문이다.

다음은 17세에 구룡포에서 포경선을 처음 탔으며 10년 정도 구룡포에서 고래잡이를 하다가 울산 장생포로 건너와 선장까지 했던 이영식의 이야기다.

"나는 1986년 상업 포경이 금지되면서 포경선에서 내렸다. 보통은 일반어선을 타다가 포경선을 탔는데 나는 선원 생활을 처음부터 포경선에서 시작했다. 무엇보다 포경선이 다른 어선보다 안전한 편이었다. 비가 오거나 바람이 강하게 불면 출항을 하지 않았고 야간 작업도 거의 없었다. 작은 사고는 이따금 있어도 큰 사고는 드물었다.

내가 처음 탄 포경선은 구룡포의 강두수가 선주인 영어호와 해승호였다. 광복 전 강두수는 일본인 선주 밑에서 사무장을 하다가 광복이 되면서 포경업을 했는데 작은 목선에 망통[1]과 총을 달아 포경선으로 썼다. 목선은 보통 일곱 명이 탔고 나중에 울산 장생포에 들어온 철선은 여덟 명에서 열세 명 정도 탔다.

포경선에는 일본어를 많이 쓰고 영어도 좀 섞어 쓴다. 배의 방향을 오른쪽으로 행할 때는 「미기」 외쪽은 「보루」라 했고 총을 오른쪽으로 향할 때는 「미기」 왼쪽은 「히라이」라 했다.

---

[1] 고래를 발견하기 위한 전망대

포경선은 무리 지어 다니지 않고 각자 알아서 움직인다. 새벽 4시 반쯤 출항하여 해가 지기 전까지 고래를 찾아다녔다. 망통에 올라가서 고래를 찾았는데 불과 1, 2초 사이에 고래가 나타났다 사라지는데 정신 바짝 차리고 바다를 살펴야 한다.

소나[2]가 들어오면서 사람들이 망통에 올라가는 일이 없어졌다. 조업을 나가면 가까운 항구에 정박하고 밤에는 고래를 잡을 수 없으니까 야간작업은 거의 없었다.

목선 포경선은 고래를 끌고 와서 항구에서 해체하고 철선은 배 위에서 바로 해체했다. 목선에도 15자(4.5m) 정도 되는 작은 밍크고래는 배 위에서 해체하기도 했다. 장생포에는 정식 해체장이 있었지만, 구룡포에는 해체장이 없어 위판장에서 해체했다.

당시에 고래는 밍크고래가 많았고 나가수, 돌고래도 있었다. 놀이공원에서 보았던 돌고래는 진짜 돌고래가 아니다. 일본말로 「고시」라고 하는데 포경선 선원들은 별로 쳐주지 않았다. 진짜 돌고래는 「고꾸」라고 불렀다. 길이가 50자(15m)나 되고 가격도 비쌌다. 돌고래는 음력 10월 말 시베리아 쪽에서 한반도 동해안으로 내려오는데 연안에 딱 붙어서 이동했다. 이듬해 봄 남쪽에서 다시 북쪽으로 가는데 고래 중에서 가장 맛있고 껍질이 두껍고 기름이 많이 나왔다.

---

2) 음파탐지기

고래를 잡는 숫자는 1960년대 초 구룡포에서 영어호를 탈 때는 포항 영일만, 경북 죽변, 강원도 주문진, 경남 욕지도를 두루 다니면서 한 해에 밍크고래 50마리 가까이 잡았다. 좀 큰 밍크고래는 1천만 원 정도 했는데 가장 맛있는 부위는 일본말로 「오노미」라 하는 꼬릿살이다. 일본 사람들이 그걸 좋아했는데 양이 얼마 안 나왔다. 국내에서 소비하다가 일본에 수출했다. 울산 사람들이 구룡포에 고래고기를 사들여서 일본에 수출하기도 했다. 구룡포 어판장에서 솥 걸어놓고 삶아서 팔기도 하고 고래고기 집도 몇 군데 있었다.

돈벌이는 고래를 잡아 와야 수입 몫이 생기는데 울산 장생포는 월 기본급에 수당이 따라붙었다. 내가 울산 장생포로 옮긴 것도 그 때문이다. 장생포 포경선이 목선에서 철선으로 바뀌고 일본에서 소나가 들어오면서 고래 잡는 숫자가 구룡포보다 울산 장생포가 훨씬 많았다.

구룡포보다 포항이 포경선이 먼저 있었는데 울산 장생포가 포경기지가 크고 포항은 사업이 잘 안되니까 구룡포보다 먼저 포경업을 접은 게 아닌가 싶다.

울산 장생포에서 철선 탈 때는 전남 흑산도, 전북 군산 어청도까지 갔는데, 선배들의 이야기가 중국 산둥반도 쪽에는 물 반, 고래 반이라 하였다. 소나가 들어오면서 서해에서 고래를 많이 잡았는데 당시 중국에는 포경선이 없었다."

이처럼 이영식 선장은 포경선을 타면서 구룡포와 울산 장생포를 비교하며 있었던 실제 이야기를 풀어놓았다.

 이번에는 기관장 이야기다. 포경선의 기관장은 선박 기관부 전반에 관한 책임과 의무가 있으며 특별히 기관의 안전 운용과 선박 운항에 관해서 선장을 보좌하며 협조하는 일을 한다.
 기관장은 국가에서 시행하는 국가고시에 응시하여 기관사 자격증을 획득해야 하며 선박검사를 받을 때는 기관장의 면허가 필요하다. 이처럼 기본적인 사항을 갖추어야지만 포경선의 기관장이 될 수 있다.
 포경선이 망망대해에 나가 큰 고래를 잡기 위해서는 선체도 중요하겠지만 포경선의 엔진 성능이 고래 포획에 승패를 좌우한다 해도 과언이 아닐 것이다.
 구룡포항은 울산 장생포와 더불어 근대포경의 원조였다. 울산 방어진과 더불어 포획 고래 두수가 많아 고래어장이 성업을 이루었다. 당시 포경선은 목선에 망통과 총을 설치해 포경선으로 사용했으며 포경선은 모두 구형 동력선이었다. 지금과 같은 디젤 엔진이 아니라 소구기관 엔진(일명 "야끼다마"엔진)을 사용했다. 그런 엔진 기관을 운영하려면 엔진을 다루는 경험이 많은 기관원이 필요한 것이다. 그런 사람이 바로 기관장이다. 당시 포경선의 기관장은 다른 선원들보다 일찍 배에 오른다. 미리 엔진을 살리기 위해서다. 이러한 모습이 초창기 포경선의 엔진성능 모습이고 수준이었다.

디젤 엔진으로 교체되기 시작한 것은 1960년 후반부터이며, 철선으로 최신시설을 갖추었다. 포획 수가 증가해 1970년 중 후반까지 최고의 어획량을 기록했다고 한다.「1976.8.28.자 경향신문」

이렇게 최신 철선 포경선의 디젤 엔진은 초기에는 450마력을, 이후 건조된 배에는 500마력 이상을 자랑하는 엔진을 장착했다.

아무튼 포경선의 엔진이 힘차게 돌아가는 배가 최고의 포경선이었고 특히 항해 중에 고장이 없어야 큰고래, 작은 고래 할 것 없이 포획할 수 있었다. 그만큼 기관장의 역할이 정말 중요했다.

갑판장과 3등 세라 선원

포경선 갑판에서 최고 선원은 바로 갑판장이다. 갑판장 아래에는 1등 세라, 2등 세라, 3등 세라가 있는데 갑판장을 보좌하는 선원이다.

포경선에는 포수를 중심으로 선장은 항해선실에서 포경선을 재빨리 움직이는 키를 잡고 있다. 기관장은 기관실에서 일반어선보다는 훨씬 빠른 엔진을 운용하고 있으며 또 해부사는 고래를 포획하면 고래 해체를 전담했다.

이와 같은 선원 외에 필수 선원이 있는데 바로 갑판장과 보조원(1등 세라, 2등 세라, 3등 세라)들이다. 갑판원에서도 최말단 선원이 3등 세라이다.

포경선에 처음 승선하는 선원은 무조건 최고 말단 화장부터 시작한다. 화장일을 1년 이상을 해야만 진급하는데 그 자리가 바로 최말단 선원 3등 세라이다. 여기서 2년 후가 되면 2등 세라, 또 3년 후가 되면 1등 세라, 그다음은 대망의 갑판장 자리에 오를 수 있는 진급 구조이다. 그것도 문제없이 평판이 좋아야만 가능한 일이었다.

포경이 금지된 1986년 직전까지 포경선을 탄 선원 이야기다. 17살 때부터 포경선 명신호에 올라 고래잡이를 해 왔다는 김영학은 세라로 불리는 선원이다. 포경선의 망통에 올라 고래 찾는 일을 했

다고 한다. 다른 동료 세라보다 고래를 먼저 발견하면 당시 돈으로 고래 한 마리당 3,000원(지금의 약 50만 원)의 보너스를 받았다고 했다.

망망대해에서 몇 시간을 헤매다 큰 고래와 마주쳤을 때 가슴이 뛴다. 고래는 매우 순해서 부드럽게 대해야 한다. 고래잡이가 성행했던 1970년대엔 참고래 한 마리 값이 1,000만 원에 달해 한 마리를 잡으면 뱃값이 나올 정도였다. 김영학 선원은 고래고기는 잡자마자 피를 뽑아줘야 한다고 한다.

고랫배를 타기 전 철공소에서 고래 잡는 작살과 칼을 제작하는 일을 했는데 요즘은 선박 수리 일을 하고 있다. 2005년 울산 장생포 고래박물관 개관할 때는 자신이 보관하고 있던 고래칼, 고래 도끼, 포경용 작살 등 50여 점을 기증했다는 김영학 선원은 그때 그 시절이 최고였다고 회상했다.

구룡포에서 태어난 김정환 갑판장은 처음에는 해삼, 전복 등을 잡던 머구리배를 탔다. 18세에 포경선을 처음 탔고 21세에 울산 장생포로 건너와 줄곧 고랫배를 탔다. 포경선에서 최말단 화장부터 시작해 3등 세라, 2등 세라, 1등 세라를 거쳐 마침내 세라장인 갑판장까지 했다.

"구룡포 목선에서는 큰 돈벌이가 힘들어 울산 장생포 철선을 타고는 2월 하순에 어청도로 갔고 5월이 되면 동해에 왔어. 울릉도, 독도 쪽에 20m짜리 나가수(참고래)가 나타났거든. 서해 쪽으로는 처음에는 군산과 어청도를 다녔는데 그곳이 전진 기지였어. 그다음에는 흑산도로 갔는데, 항구에는 못 들어가고 근방에서 고래를 잡았지. 격렬비열도 근처에도 갔고 고래를 추격하느라 산둥반도 가까이 갔는데 그 당시 중국에서는 간섭하지 않았어.

중국 배를 짱구리 선이라 불렀는데 근처에 가면 연탄 냄새가 났어.

고래 특성을 말하자면 밍크고래는 먹이를 이것저것 다 잘 먹는데 나가수는 새우 새끼만 먹어. 그래서인지 몰라도 밍크고래보다 나가수가 맛이 좋지. 12월이 되면 부산 앞바다를 지나 대마도 쪽으로 간다. 우연히 작은 돌고래가 잡혀서 먹어 봤는데 맛이 얼마나 좋은지 모르겠더라. 껍질이 두껍고 전복처럼 쫀득쫀득했어. 돌고래는 참 귀해 TV에 나오는 돌고래는 곱시기라 하는데 뱃사람이 말하는 돌고래와는 달라.

또 범고래가 있는데 솔피라고 하지. 이놈은 밍크고래나 곱시기도 잡아먹어, 대단한 놈이지 멀리서 솔피가 나타나면 나가수, 밍크고래, 곱시기는 도망을 가버린다. 솔피 한 놈이 밍크고래를 잡으면 그 주변으로 다른 솔피들이 빙 둘러서서 이빨로 물어뜯어. 밍크고래가 바다 밑으로 내려가면 안 되니까 한 놈은 밍크고래 밑에서 떠받치고 있으며 그사이 다른 무리는 잡은 밍크고래를 먹어 치우지."

 갑판원들은 갑판 위에서 벌어지는 온갖 궂은일과 허드렛일을 다 한다. 고래를 잡기 전 망통에 올라 고래 탐경을 하는 것은 기본이고 고래를 잡으면 밧줄로 묶고 현장에서 몸을 부딪쳐 일한다. 갑판에서 발생하는 모든 잡일을 도맡아서 하는 사람이 갑판원이라고 보면 된다.
 직접 눈으로 보고 두딪쳐서 일하기에 포경선의 모든 상황을 알 수 있는 곳이 갑판 위다.

해부장과 화장의 삶 이야기

해부사는 고래 해체를 전담하는 선원인데 해부장으로 칭한다. 창처럼 생긴 긴 칼로 고래 해체를 시작해 순식간에 5~6m 밍크고래를 부위별로 해체해 바로 배 밑창으로 옮겨 얼음을 덮는다. 이렇게 철선 포경선에 해부장을 승선시켜 출항하는 것이 선주로서는 훨씬 이익이 되고 승선한 해부장은 자기 몫 그 이상을 했다.

포경업이 시작되던 초기에는 나이가 좀 있는 선원이 화장일을 했으나 시간이 지나 70년대에는 젊은 사람으로 채워져 갔다. 당시 초등학교를 졸업하고 상급학교에 진학하지 못한 애송이 총각들이 초교 졸업 후 한두 해 정도 놀다가 15~16세쯤에 고랫배 화장으로 취직하는 경우가 더러 있었다.

필자가 살던 동네에도 그런 케이스가 있었다. 첫해 첫 출항 때 포경선의 최말단 화장으로 갔다. 어디가 어딘지 아무것도 모르고 배를 탔고 포경선에서 밥만 한 뒤 설거지만 하는 줄 알고 갔다. 어려

해부장과 화장

움을 잘 이겨내고 3개월 만에 돌아온 애송이 총각이 제법 청년 냄새가 나는 총각으로 변했다. 2월 중순 울산에서 출항해 서해 어청도 근해에서 조업하다가 5월 초에 돌아온 것이다. 머리 스타일도 변해 있었고 입은 옷차림도 선원 작업복 비슷한 차림으로 나타났는데, 두 해 밑 후배 녀석이 순간 대견스럽게 보였다. 이것이 당시 있었던 포경선 애송이 화상의 첫 승선 모습이다.

   그다음 이야기는 초기의 목선, 그것도 소형 목선의 화장 모습을 보자. 작은 목선이었는데 기름이나 가스가 아닌 장작불을 피워서 밥을 지었고 연기가 얼마나 많이 나는지 화상(조리장)의 얼굴이 시커멓게 되었지만 본인은 모르고 있었다 포경선에서 먹는 밥맛은 조금 짭조릅하다. 식수가 귀한 시절이라 바닷물로 먼저 쌀을 씻고 나서 민물을 넣어 앉혔거든. 그래서 밥을 먹어보면 맛이 좀 짭잘했지만 끼때가 되어서 먹었던 그 밥 선원들은 그 밥맛을 꿀맛이라고 했다. 소형목선은 주로 경북 포항과 구룡포 쪽에서 이용하던 목선이다.

포경선의 고동소리

여명의 첫 빛이 서서히 어둠을 밀어내며 울산만을 감쌌다. 바다는 고요 속에서 얕은 물결만을 흘리고 있었다. 이 정적을 깨는 첫 소리는 멀리서 들려오는 뱃고동 소리였다.

"부우~~~."

그 소리는 깊고 묵직했다. 울림은 공기를 가르고, 바다 위에 서서히 퍼져갔다. 마치 바다가 그 소리에 반응이라도 하듯, 잔잔하던 물결이 미묘하게 떨리기 시작했다. 이내 울산만 해역이 깨어나듯 움직이기 시작했다.

수평선 너머로 작은 점들이 보였다. 출어 준비를 마친 포경선들이 서서히 움직이며 항구를 떠나는 중이었다. 배들은 출발과 동시에 바다의 중심으로 향했다. 그 풍경은 마치 서사적인 드라마의 첫 장면처럼 느껴졌다.

포경선 위에서는 선원들이 분주히 움직이고 있었다. 아직 하늘에는 새벽빛이 퍼지지 않았지만, 선원들의 모습은 뚜렷하게 드러났다. 구릿빛 피부의 남성들은 돛을 점검하거나 로프를 당기며 하나하나 준비를 마쳤다. 그들의 얼굴에는 고요한 긴장감과 단단한 결의가 엿보였다.

바다는 깊고 넓었다. 하지만 그곳은 단순히 고요한 자연의 공간이 아니었다. 선원들에게 이곳은 생존과 도전의 무대였다. 그들이 마주해야 할 상대는 대양의 거인, 고래였다. 고래잡이는 단순한 노동이 아니었다. 그것은 인간과 자연의 충돌이자 생존을 위한 치열한 사투였다.

한 번 고래가 발견되면 쫓고 쫓기는 숨 가쁜 추격전이 시작되었다. 포경선은 파도를 가르며 앞으로 나아갔고, 고래는 그 뒤를 피하며 푸른 물살을 일으켰다. 선원들은 끝없는 집념으로 고래를 추적했다. 고래의 힘찬 물보라가 배 옆에서 솟구치고, 그 소리는 선원들에게 희망과 긴장을 동시에 불러일으켰다.

마침내, 긴 시간의 추격 끝에 고래가 포경선 옆으로 모습을 드러냈다. 푸른 바다는 이내 자줏빛으로 물들었다. 고래의 거대한 몸체는 해수면 위로 드러났고, 그 장면은 동시에 장엄하면서도 비극적인 순간이었다. 선원들은 숨을 고르며 노를 내리고, 고래를 묶어 배 옆에 고정했다. 그들의 얼굴에는 피로와 더불어 작지만 깊은 성취감이 스쳤다.

포경선들이 다시 항구로 돌아올 때, 그 소리는 또 다른 드라마의

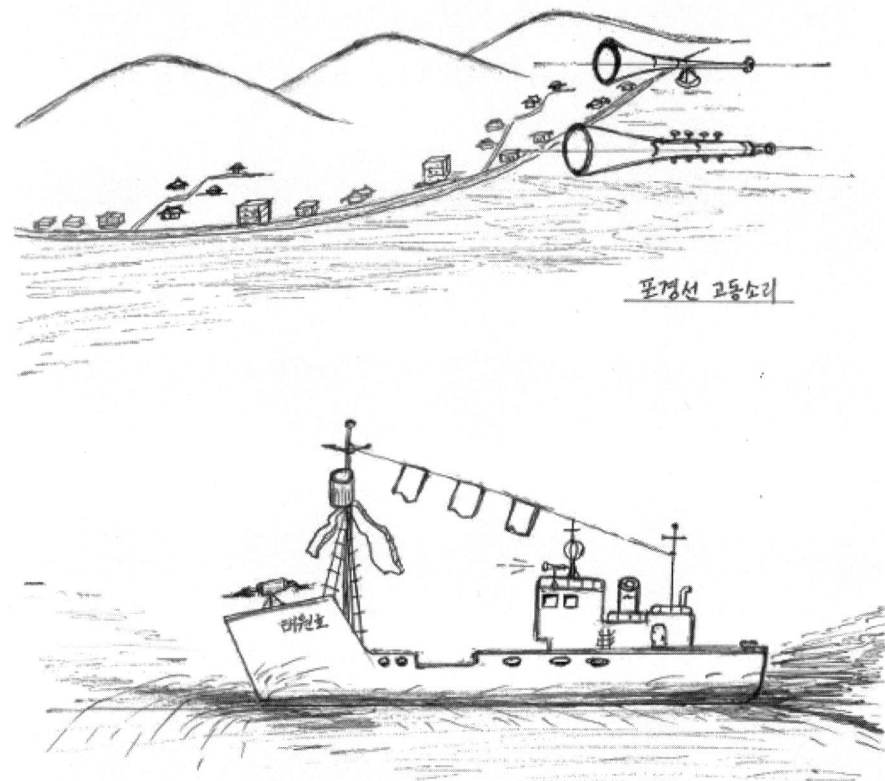

포경선 고동소리

시작이었다. 뱃고동은 각 배의 존재를 알리며 항구로 퍼졌다. 그 시절, 뱃고동은 단순한 기계의 소리가 아니었다. 그것은 삶의 신호였고, 생존의 증명이었다.

항구로 들어오는 포경선의 뱃고동 소리만으로도 그 배가 누구의 배인지 알 수 있었다.

    부웅~~부웅~~~

잡은 고래의 크기가 10m 이하면 뱃고동 소리를 한 번 울리고 10m를 훌쩍 넘는 대형고래가 잡힐 때면 뱃고동 소리를 더 길게 두 번씩 울렸다. 포구와 가까워질수록 포경선은 뱃고동을 연거푸 울려 댔다. 배마다 다른 뱃고동 소리에 남편이 타고 나간 배임을 단번에 알아차린 아낙네들도 포구로 뛰어나갔다.

포구에 도착한 포경선 옆에 쇠 작살이 등에 꽂혀 있는 고래가 보였다. 곧바로 물 위로 올려진 고래는 바로 해체작업에 들어간다. 이렇게 포경선의 뱃고동 소리는 배마다 각각 다르다.

    부우~~~~ 부우~~~
    뚜우~~~ 뚜뚜~~ 뚜우~~ 뚜뚜
    뷰웅~~~ 뷰웅~~~~
    뿌앙~~~ 뿌앙~~~

보상금을 청구하던 포경선원

1982년 7월, 국제포경위원회(IWC)는 제34차 총회에서 고래자원 보호를 위해 상업 포경을 전면 금지하는 결정을 내렸다. 1986년 1월 1일부터 상업 포경이 전면 중단된다는 소식은 울산 장생포와 방어진, 한반도의 포경업 중심지들에 치명적인 뉴스로 다가왔다. 이는 단순한 산업의 변화가 아닌, 100년 넘게 이어져 온 한반도 포경업의 종말을 의미했다.

포경업의 종착점을 알리는 소식은 그간 울산 해역을 중심으로 한 고래잡이 전통을 기억하는 사람들에게 큰 충격으로 다가왔다. 특히, 장생포는 한반도 포경업의 상징적 중심지였기에, 더 이상 고래잡이를 할 수 없게 된다는 현실은 마치 긴 이별의 노래를 부르는 것처럼 느껴졌다. 수십 년 동안 고래잡이에 생계를 의지했던 어민들과 그 문화를 지켜본 이들에게는 목이 메어오는 안타까운 순간이었다.

오랜 역사를 가진 포경업이 국제적 규제의 흐름 속에서 종말을 맞은 것은 어쩌면 피할 수 없는 운명이었을지도 모른다. 하지만 이런 종결로 인해 지역사회와 사람들에게 닥친 변화와 그 여파는 결코 가볍지 않았다.

장생포에서 100여 년 이어오던 고래잡이의 막이 내리는 순간은 참으로 묵직하고 비극적인 장면이었다. 한반도에서 상업 포경이 금지되기 직전, 울산 장생포에는 21척의 포경선이 남아 있었다. 그중 가장 작은 소형선은 구득호, 가장 오래된 배는 제6용운호였고, 마지막으로 등장한 최신형 포경선은 제7청구호였다. 이 중간에 제7 흥안호가 폐선 처리되는 등 변화가 이어졌다.

당시 장생포의 포경업을 대표하는 큰 회사 중 하나가 동방수산이었다. 이들은 포경선 3척, 일본으로의 대규모 수출을 위한 대일 수출선 1척, 그리고 고래 해체작업을 지원하는 바지선 1척으로 구성된 대규모 선단을 운영하며 일본 시장을 중심으로 활발히 사업을 펼치고 있었다. 그러나 사업 확장 계획이 한창일 때 상업 포경 금지가 현실로 다가왔다.

상업 포경이 전면 금지된다는 결정은 장생포 포경업계에 치명적인 타격을 주었다. 수산청은 이러한 변화에 따라 포경업자와 포경선 종사자들의 생계를 지원하기 위해 대책을 모색하고자 했다. 이를 위해 울산 장생포에 포경선 선원들이 한자리에 모였지만, 분위기는 무겁기만 했다. 생계를 잃을 위기에 놓인 이들의 표정은 깊은 절망을 반영하고 있었다.

당시, 법적으로 포경선과 관련된 보상을 해줄 근거가 없었기에, 선원들 사이에서는 단체 행동을 통해 정부에 강력히 요구해야 한다는 목소리가 높았다. 이에 따라 실업 대책 마련을 요구하는 탄원서가 작성되었고, 약 250명의 선원이 이에 서명하여 제출했다.

이렇게 생계 대책과 실업 대책을 요청한 결과 우여곡절 끝에 직급과 승선 연수에 따라 정부에서 보상금을 차등 지급하기로 최종 결정되고 처리되었다.

이렇게 해서 나온 보상금은 얼마 정도였을까.

첫 번째 보상금 기준은 기본 100만 원에 경력을 더해 차등 지급하는 방식이었다. 일반 말단 선원은 경력에 따라 30만 원을 추가로 받아 총 130만 원을 받았고, 선장이나 기관장 같은 일반 간부 선원은 경력에 따라 약 90만 원이 더해져 총 190만 원을 받았다. 그러나 당시 장생포에서는 일부 선원들이 훨씬 많은 보상금을 받았다는 소문이 돌기도 했다.

두 번째 보상 기준은 평소 받던 월급을 기준으로 했다. 이에 따라 1985년 12월 말, 울산 장생포의 포경선 선원들은 3개월 치 월급을 보상금으로 받으며 포경선을 떠나야 했다. 당시 한 달 치 월급은 일반 선원이 약 30만 원, 간부 선원이 약 50~60만 원 정도였다. 한편, 포경선의 최고 직급인 포수는 능력에 따라 월급이 100만 원을 넘는 경우가 많았으며, 실제로 그 이상을 받았던 포수들도 있었다. 따라서 포경선 선원들은 적게는 100만 원에서, 많게는 최고 직급 포수가 약 300만 원에 달하는 보상금을 받았다.

이렇게 포경선 선원들은 3개월 치 월급을 손에 쥔 채, 정들었던 포경선을 떠났다. 각자의 길을 찾아 뿔뿔이 흩어진 선원들과 포수들은 새로운 인생을 모색했다. 기존의 포경선들은 대부분 다른 용도로 개조되었는데, 주로 오징어잡이 어선으로 전환되었으며, 낡고 오래된 포경선들은 폐기되거나 일부는 바다의 인공 섬처럼 되거나 수장되었다.

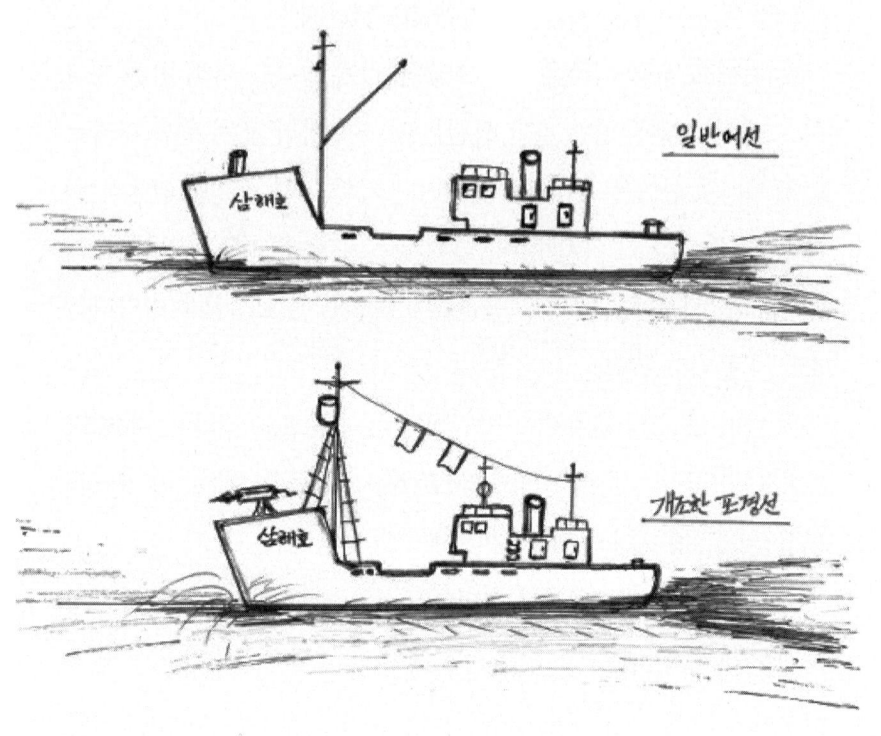

일반 어선과 개조한 포경선

한편, 일부 선원들은 원양어선에 승선하거나 장생포 주변 산업단지에서 일자리를 찾았으며, 또 다른 일부는 새로운 삶을 찾아 장생포를 떠났다. 그 와중에 포경 금지가 끝나기를 기다리며 희망을 놓지 않는 선주들도 있었지만, 시간이 지날수록 이 기대는 점점 기약 없는 기다림으로 변했다.

이렇게 한반도의 포경업은 허무하게 막을 내렸다. 100년의 역사를 쌓아온 장생포 포경업의 마지막은 그동안의 공로와 성취에 비해 너무나도 조용히 끝난 듯해 안타까움을 자아낸다. 포경업의 영광스러운 서막과 고된 막을 내림은 이제 기억 속에 남겨진 채, 고래와 인간의 관계를 돌아보게 한다.

제 5 장

상업 포경 금지 후 포경기지의 변화

밧줄에 묶은 포경선과 IWC 총회

국제 포경위원회 (IWC)는 미국, 영국, 호주, 프랑스, 네덜란드, 노르웨이 등 구미 포경국이 중심이 되어 1946년 12월 2일 미국의 워싱턴 DC에서 모여 국제기구로 설립되었다. 1949년 런던에서 제1차 연례회의를 개최한 뒤 해마다 회원국을 돌아가면서 회의를 한다. 본부는 영국 케임브리지에 사무국을 두고 있으며 2022년 현재 88개국의 회원국이 활동하고 있다.

우리나라를 (1978.12.29. 가입) 비롯해 59개국 일본, 노르웨이, 아이슬란드를 중심으로 한 포경기지 국가와 미국, 영국, 호주 중심의 포경 반대국가로 양분되어 대립하고 있었다. 미국을 중심으로 반 포경국이 1982년 영국 브라이트에서 열린 제34차 총회에서 회원국 4분의 3 이상 찬성을 얻어 상업 포경(모라토리엄, 일시 정지 1986부터 시행) 금지안을 통과시켰다.

이것이 지금까지 최대 논란이 되고 있다. 상업 포경 금지 대상 고

밧줄에 묶은 포경선과 IWC 총회

래는 수염고래류 10종과 이빨 고래류 2종 등 모두 12종이다. 노르웨이는 금지령이 통과되자 이의신청을 한 뒤 상업 포경을 계속하고 있고 일본도 연구용으로 해마다 400여 마리 안팎의 밍크고래와 IWC 규제를 받지 않는 돌고래류 수만 마리를 잡는 것으로 알려져 있다.

IWC는 모라토리엄 채택 당시 1990년까지 과학적인 조사를 한 뒤 일정량을 정해 포경을 재개하기로 조건을 달았으나 반포경국의 반대로 재개되지 않고 있다. 또 IWC는 1946년 설립된 후 관련 국가들이 대왕고래를 죽이는 것을 중단하고 동의하는 데만 20년이 걸렸다고 한다. 고래 중에서 가장 큰 고래인 대왕고래는 가장 먼저 무자비하게 학살당했는데 이것이 세계 최초로 결정된 포경 금지였다.

1970년대 중반 그린피스의 포경 반대 초기 캠페인은 이전에는 한번도 보지 못했던 방식으로 전개되었는데, 세계 포경업계 관심을 집중시켰다. 고래가 잔혹하게 죽임을 당하는 영상물과 사진을 일반인들에게 보여줌으로써 대중의 여론을 포경 반대로 돌릴 수 있었다. 이후 잠시나마 고래의 포획량이 줄어들게 되었다.

지난 1971년에 설립된 국제 환경단체 그린피스는 2005년 약 한 달간 서해에서 동해까지 한반도 주변의 고래량에 따른 어획량 감소 여부를 조사한 바 있으나 별다른 성과를 거두지 못했다. 무엇보다 고래의 감소가 매우 심각한 상태임을 보여줬는데 특히 참고래, 귀신고래 등 거의 멸종된 고래를 복원하려면 오랜 시간이 필요하다고 지적했다.

비록 IWC에 의해 고래잡이는 못 하지만 포경기지 중심지 울산 장생포는 대한민국 고래문화특구로 지정되었고 고래 관련 인프라는 계속 늘어 옛 포경기지임을 보여주고 있다.

1978년 한국 정부가 국제포경위원회(IWC)에 가입하면서 우리나라 포경에는 빨간불이 켜졌다. 포경업이 이루어지고 있는 상황에서 곧 상업 포경 금지를 발효할 예정인 국제기구에 가입한 것이다. 직접적인 이유는 고래고기 수출 때문이었다. IWC가 회원국과 비회원국 간의 거래를 금지함으로써 회원국인 일본으로 수출을 계속하려면 IWC에 가입해야 했다.

장생포 일부 주민들은 한국의 포경 금지가 외세의 압력 때문이었다고 지금도 통탄하고 있다. 틀린 이야기는 아니다. 고래는 19세기 말에서 20세기 초 무분별한 포획으로 멸종 위기에 처했고 포획 방법이 발달하고 대형선단인 공장형 선박들로 인해 고래의 수가 급격하게 급감하자 고래잡이를 통제해야 한다는 목소리가 높아졌다. 이에 IWC 회원국은 향후 고래 개체 수를 늘리기 위해서 1986년부터 상업 포경을 금지하기로 합의했다.

환경보호론자들은 이런 방침을 환영했지만 일본, 노르웨이, 아이슬란드처럼 대표적 포경국들은 이를 일시적 유예방침일 뿐이라고 여겼다. 포경 금지는 그사이 반영구적 규제로 사실화되었고 다만 토착민의 생계유지나 과학 연구 목적의 포경을 일부 허용되고 있다. 다음은 고래잡이 마지막 날을 그린 이야기다.

[한반도 포경역사에 한 획을 그은 1985년 10월 31일, 울산 장생포는 묵직한 정적 속에 가라앉아 있었다. 궂은 날씨로 대부분의 포경선이 출항을 포기했지만, 몇 척의 포경선은 마지막 사냥을 기약하며 먼바다로 나섰다. 그중 하나가 제2 태원호였다.

항해를 마치고 빈손으로 항구로 돌아오는 길. 선실 안은 침울한 분위기에 휩싸였다.

"이제 끝인가…."

포수 김형석(가명)이 깊은 한숨을 내쉬며 중얼거렸다.

"형석이 형, 괜찮아요. 우리야 뭐 어떻게든 살길 찾겠죠."

마지막 출어하는 포경선(태원호)

막내 선원 이정우(가명)가 억지로 밝은 목소리를 냈지만, 목소리는 한없이 가벼웠다.

"살길이라…."

형석은 고개를 저었다.

"내가 할 줄 아는 건 고래 잡는 것뿐인데. 이제 뭘 해서 먹고살아야 할지 모르겠다."

마지막 출어하는 포경선(태원호)

"너무 많이 잡았어요. 우리만 해도 작년 한 해에 몇 마리를…."
정우가 말을 잇지 못했다.

그 순간, 선장 최동길(가명)이 조타실에서 내려와 선원들 앞에 섰다. 그의 얼굴엔 피로와 고뇌가 가득했다.

"모두, 오늘은 우리 역사에서 마지막 항해가 됐다."
그의 목소리는 낮고 단호했다.
"누군가는 잘못된 과거를 바로잡는 기회라고 말할지도 모르겠지. 하지만 나는 너희가 이 바다 위에서 흘린 땀과 시간, 그리고 우리의 배가 울렸던 고동소리를 절대 잊지 않을 거다."
정적이 흘렀다. 모두가 저마다의 생각에 잠겼다.
"선장님,"

형석이 조심스럽게 입을 열었다.

"우리는 이제 뭘 해야 할까요? 고래 없는 장생포에서 우린 어떻게 살아가야 합니까?"

최동길은 한참을 고민하다가 무겁게 대답했다.

"길은 있다. 지금은 보이지 않더라도, 우리가 바다에서 살아남았던 것처럼 육지에서도 살아남을 거다. 장생포는 새로운 길을 찾을 거고, 우리도 그 일부가 될 거야."

항구로 돌아온 제2태원호를 밧줄로 단단히 묶였다. 장생포는 조용했다. 더 이상 고동소리는 들리지 않았지만, 선원들의 마음에는 여전히 파도가 일렁이고 있었다.]

포경 금지 이후 울산 장생포 고래고기 집 이야기

1986년 상업적 포경이 금지된 이후, 고래고기를 맛볼 수 있는 기회는 점점 더 드물어졌다. 하지만 울산의 장생포는 여전히 고래고기로 유명한 곳으로, 우리나라에서 고래고기를 가장 쉽게 접할 수 있는 지역이다. 가까운 부산, 포항, 구룡포 등지에서는 고래고기 전문점이 거의 없는 반면, 장생포항 주변에는 고래고기를 제공하는 전문 음식점들이 약 20여 곳이 모여 있다. 이는 장생포가 한국 고래고기 소비량의 절반 이상을 차지하는 중심지로 자리 잡게 된 이유 중 하나다.

장생포의 고래고기 전문점에서는 다양한 부위를 활용한 독특한 메뉴를 선보인다. 가장 인기 있는 메뉴는 여러 부위를 한 번에 맛볼 수 있는 모둠이다. 모둠은 고래의 다양한 부위를 얇게 썰어 제공하며, 각 부위마다 식감과 풍미가 달라 미식가들에게 큰 호응을 얻는

밧줄에 묶인 포경선

다. 또 다른 대표 메뉴인 수육은 고래고기를 푹 삶아내어 부드럽고 담백한 맛을 자랑한다. 이와 함께 오배기는 고래 지방이 포함된 부위로, 고소한 맛과 쫀득한 식감이 특징이다.

　고래고기의 다양한 활용은 여기서 그치지 않는다. 우네는 고래 껍질 부위로, 쫄깃한 식감이 독특하며 매운 양념에 곁들여 먹는 경우가 많다. 육회는 신선한 고래고기를 얇게 썰어 참기름과 양념에 무쳐낸 음식으로, 별미 중 하나다. 막찍기는 고래고기를 간단히 썰어 된장과 함께 먹는 방식으로, 담백하면서도 깔끔한 맛을 선사한다. 마지막으로 고래찌개는 고래고기와 다양한 채소를 넣고 얼큰하게 끓인 찌개 요리로, 장생포의 대표적인 서민 음식으로 자리 잡았다.

이처럼 다양한 메뉴가 준비되어 있지만, 1986년 이후 상업적 고래 포획이 금지된 상황은 고래고기 전문점들에게 적잖은 어려움을 안겨줬다. 현재 고래고기 집에서 제공되는 고기는 어선의 정치망에 우연히 걸려 죽은 고래로부터 공급된다. 고래가 우연히 포획될 경우, 불법 포경이 아닌지를 확인하기 위해 반드시 해경의 조사를 거쳐야 하며, 그 과정을 통과한 고래만이 유통된다. 대부분의 고래고기는 울산의 고래고기 전문점으로 보내져, 장생포가 전국 고래고기 소비의 중심지가 되는 데 기여한다.

고래고기는 고단백 저지방, 저열량 음식으로 성인병 예방에 효과가 크다고 알려져 있으며, 동의보감에는 『쉽게 피로하고 활동성이 떨어지며 가벼운 운동만 해도 맥박이 빨라지는 사람에게는 고래고기가 좋다』고 기록하고 있다. 그래서 울산 사람들은 귀한 손님을 대접할 때 고래고기를 상에 올리곤 했다. 날것으로도 먹지만 보통은 삶아서 수육처럼 만들어서 초고추장, 젓갈, 소금 등에 찍어서 먹는다.

2015년 울산 장생포 고래고기 거리는 한국 관광공사의 음식 테마거리에 선정되었고 2017년에는 약 90만 명의 관광객이 다녀갔다. 그리고 2022년 이후 계속 백만 명이 넘는 관광객이 찾는 관광 명소로 자리 잡고 있다.

이처럼 특화된 고래고기 거리에는 가게마다 고래고기 한 접시를 만들어내는 방식이 조금씩 차이가 있으며 또한 가게마다 입구의 이미지 연출도 다양하다.

물론 주인과 주방장의 요리 솜씨에 따라서 다르겠지만, 고래고기를 좋아하는 애호가들은 정갈하게 접시 위에 담아서 나오는 고기 모양과 좋아하는 스타일이 있다. 마치 기계가 찍어내듯 정교하게 똑같은 크기와 모양으로 접시에 가득 담아서 내놓는 집과 반대로 비슷비슷하게 썰어내고 젓가락에 짚이는 한 점의 고기 굵기가 제법 먹음직스럽게 보이며 접시에 가득 담아 주는 집도 있다.

울산 장생포에는 3대째를 이어가는 고래 고깃집도 있을 만큼 전통과 역사를 자랑스럽게 여기는 가게가 있다. 마니아층을 형성한 곳도 있으며, 고기의 품질은 물론 푸짐한 밑반찬을 주는 가게도 있다. 음식점을 찾는 손님은 각자 기호에 맞게 선택하겠지만 그 집의 음식이 자신의 취향에 맞으면 단골집이 되는 것이다.

가게마다 이미지가 각기 다르다. 고래 종별, 크기별 사진을 큰 액자에 넣어서 가게 입구 가장자리에 걸어두고 들어갈 때와 나올 때 볼 수 있게 해 놓은 집이 있다. 또 다른 가게는 6~70년대 울산 장생포의 포경 전성기에 잡은 대형고래를 해체장에 끌어올려 놓은 사진을 걸어두기도 한다. 그 사진 속에는 고래를 구경하는 많은 구경꾼의 모습이 들어있다.

또 한 가게는 포경 작살포 몸체를 가게 입구 한쪽 모퉁이에 놓고

서 영업하고 있다. 다른 가게는 포경선이 만선 깃발을 달고서 입항하는 모습의 사진을 걸어 놓고 있다. 가게마다 각기 다른 추억의 사진들은 고래잡이 전성기 때를 연상시키기에 충분하다.

이처럼 한 시대를 주름잡았던 포경의 중심 항 울산 장생포는 한때 사람이 떠나는 항구로 침체기를 맞았다. 그러나 2005년 고래박물관이 들어선 것을 계기로 다시 활기를 찾기 시작했고 이후 고래문화특구로 지정되면서 관광객으로 붐비는 곳으로 변화에 변화를 거듭하고 있다. 이렇게 울산 장생포 지역에 고래 관련 인프라가 하나둘 구축되고 그것을 둘러보고 옛 시절 고래와 친숙했던 중장년층은 향수에 젖어보는 시간을 가져보기 위해 찾는다. 또한, 고래를 처음 접해보는 젊은 층은 한반도의 포경역사를 잠시나마 경험하면서 공부가 되지 않을까.

필자는 금강산도 식후경이기에 출출한 배도 채울 겸 고래고기 맛도 볼 겸 해서 고래고기 전문집을 찾았는데 가는 곳마다 손님들로 붐볐다. 특히 주말이면 손님이 몰려 문전성시를 이룬다고 한다.

고래고기 12가지 부위별 이름을 살펴보자. 육회, 고래 위, 갈빗살, 오베기, 우네, 살코기, 고래수염 잇몸, 콩팥, 뱃살, 고래 창자, 고래 껍질, 지느러미살 등은 부위별 이름들이다. 고래고기는 껍질, 혓바닥, 내장, 꼬리 등 부위에 따라 12가지 맛을 낸다. 그중에서 가슴살을 최고로 친다.

꼬들꼬들한 껍질과 껍질 안쪽에 붙은 기름이 녹은 맛이 일품이다. 붉은 살코기는 육회로 먹는 것이 맛있다. 배를 썰어 넣고 참기름 등 양념으로 무쳐 고소한 맛을 낸다. 목살과 가슴살을 얇게 썰어 초장이나 겨자 간장에 찍어 먹는 우네, 꼬리지느러미를 소금에 절였다가 뜨거운 물에 데친 오배기, 고기를 썰어 막장, 고추장에 바로 찍어 먹는 막찍기 등이 있다.

이처럼 울산 장생포는 포경은 중단되었지만, 고래고기 전문집으로 또 고래문화특구로써 그 맛과 명성을 이어가고 있다.

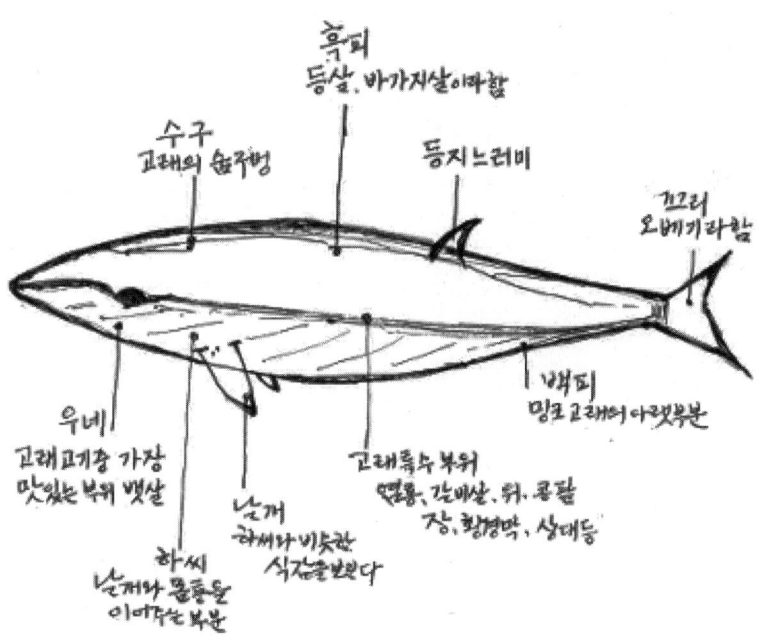

장생포 고래박물관과 고래연구센터

-고래박물관

울산 고래박물관은 2004년 1월에 착공해 이듬해인 2005년 5월에 개관되었다.

1986년 포경이 금지된 이후 사라져가는 포경유물을 수집, 보존하여 전시하고 고래와 관련된 각종 정보를 제공하고 해양 생태계와 교육 연구체험 공간을 제공해 해양 관광 자원으로 활용되고 있다. 박물관 1층은 반구대 암각화에 새겨진 고래사냥에 관한 내용과 고래 기원과 진화에 대한 스토리를 볼 수 있는 전시관이다.

　1층 전시실 가운데는 실제로 포경했던 제5진양호 포경선이 그대로 전시되어있으며 고래와 함께한 장생포 역사에 관한 이야기도 함께 설명하고 있다. 포경선 내부 계단을 통해 3층으로 올라가서 관람하는 방법과 2층으로 가는 두 가지 방법이 있다. 어른은 보통 걸어가고 어린이는 상당한 길이인 컬러풀한 미끄럼틀을 이용해 3층에서 2층으로 내려간다. 2층에는 엄청난 크기의 브라이드고래 뼈를 볼 수 있는데 총 길이가 약 14m이다. 박물관의 대표 전시물이라 할 수 있다.

　더 놀라운 것은 이 뼈가 모형물이 아닌 진품 고래골격이라는 점이다. 또 다르게 전시해 놓은 귀신고래, 참고래, 밍크고래 등 다양한 종류의 고래 뼈가 전시되어있다.

　마지막으로 고래가 헤엄쳐 다니는 가상공간인데 원하는 도안을 선택하여 색칠해 스크린에 쏘아 올리는 것으로, 보내기 완료를 하면 색칠한 고래 그림이 스크린에서 헤엄을 치는 광경을 볼 수 있다.

　이처럼 다양한 형태의 전시물을 둘러보고 밖으로 나오면 탁 트인 장생포항과 시원한 바닷바람이 반겨준다. 정문 바로 옆 넓은 광장에는 우리나라에 유일하게 남아 있는 실제 포경선 제6진양호가 전시되어있다.

　정기휴무는 매주 월요일이다. 고래박물관 2층에는 고래에 대해 관람하고 배워볼 수 있는 체험관이 있고 바다를 조망해 볼 수 있는 전망대가 있는데 푸른 하늘이 보이는 화창한 날에 방문한다면 사진 찍기에 좋다. 또 어린이들을 위한 체험실 이용 시간은 주말 오후(13시부터 17시까지)에만 이용 가능하며 체험비가 따로 있다.

박물관은 매일 9:00에 오픈해 18:00가 되면 문을 닫는다. 주차장은 비교적 넓은 편이며 매표 시에는 3시간 무료 주차가 가능하고 주차비 또한 별로 비싸지 않다.

- 고래연구센터

고래연구센터는 울산 남구 매암동에 자리하고 있으며 국립 수산과학원 동해수산연구소 소속으로 편입되어 운영되는 연구기관이다.

우리나라를 포함한 세계 대양의 고래류는 엄격한 보존 조치의 시행과 함께 과거와 같은 남획의 전철을 밟지 않도록 국제기구에서 엄격하게 관리한다.

국립수산과학원, 동해수산연구소 고래연구센터는 자료수집, 연구와 해양 생태계 관리, 어업, 해운, 해양개발 등을 수행한다. 이곳에서는 바다의 최상의 포식자인 고래류와 마찰을 완화하기 위한 일을 한다. 또한, 우리 바다에 서식하는 고래류뿐만 아니라 물개, 물범 등 모든 해양 포유류에 대한 조사와 연구를 국제기구와 협력하여 진행한다. 또한, 이곳은 해양 포유류의 종 보존을 위한 종합적인

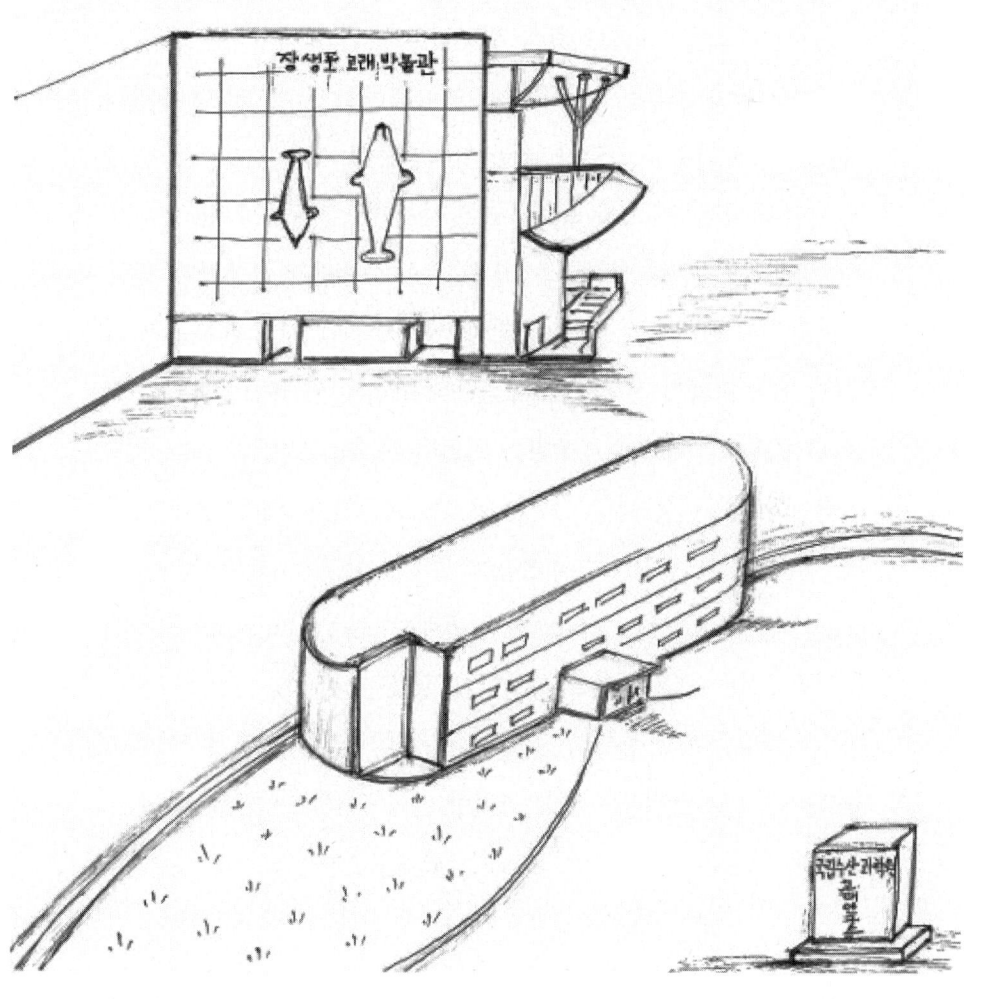

관리방안도 연구하고 있다. 또한, 국제협력을 통해 고래류를 비롯한 우리바다 해양 포유류 자원의 적극적인 보존과 함께 경제, 과학, 교육, 문화, 정신 등 다양한 영역의 가치를 창출하는 것이 설립 목적이다.

고래연구센터는 돌고래류를 생포하는 방법과 사육하는 기술을 개발하고 돌고래류에 의한 어업 피해에 대한 모니터링과 함께 피해 예방 방안도 연구하고 있다. 뿐만 아니라 포획 또는 좌초된 고래류에 대한 데이터베이스를 구축하고 관리방안도 연구 중이다.

또한, 고래연구센터는 교육적인 기능도 중요하게 수행한다. 방문객들은 센터를 통해 고래의 생태와 해양 환경에 대해 배우는 기회를 가진다. 다양한 전시와 자료를 통해 고래의 생물학적 특징과 그들이 해양 생태계에서 수행하는 역할을 이해할 수 있다. 이외에도 어린이와 청소년을 대상으로 한 교육 프로그램, 고래 관찰 투어 등을 제공하며, 환경 보호 의식을 고취시키는 데 힘쓰고 있다.

울산 남구 매암동 139-29(남구 고래로 250)에 8,443㎡ 부지에 연면적 2,455㎡의 시설을 보유하고 있으며 연구관, 연구사, 행정직, 기술직 등이 근무하고 있다. 우리나라 해역 고래류 및 해양 포유류의 박제와 골격표본 등을 전시하는 전시실도 운영하고 있다.

고래바다 여행선과 고래생태 체험관

-고래바다 여행선

고래바다 여행선은 울산 남구 장생포 고래로 210에 위치하고 있다. 고래 탐사 프로그램에 이용되는 여행선으로 고래 도시 울산을 알리고 고래 문화축제 홍보를 위해 운영을 시작했다. 2009년 4월 25일부터 정원 200명으로 본격적인 취항에 들어갔다. 이후 2013년 4월 새로운 크루즈급으로 교체되었으며 한층 업그레이드된 고래 관광 크루즈 시대를 열게 되었다. 여행선을 타고 연안 투어와 고래 탐사를 즐길 수 있으며 선박 내부에는 대연회장, 공연무대, 식당과 카페, 노래방 등의 선상 파티를 할 수 있는 다양한 편의시설이 갖추어져 있다.

고래바다 여행선은 각 투어 코스마다 항로가 조금씩 다른데 울산에서 이색 여행으로 기억될 만하다. 특히 1코스와 3코스는 33~34

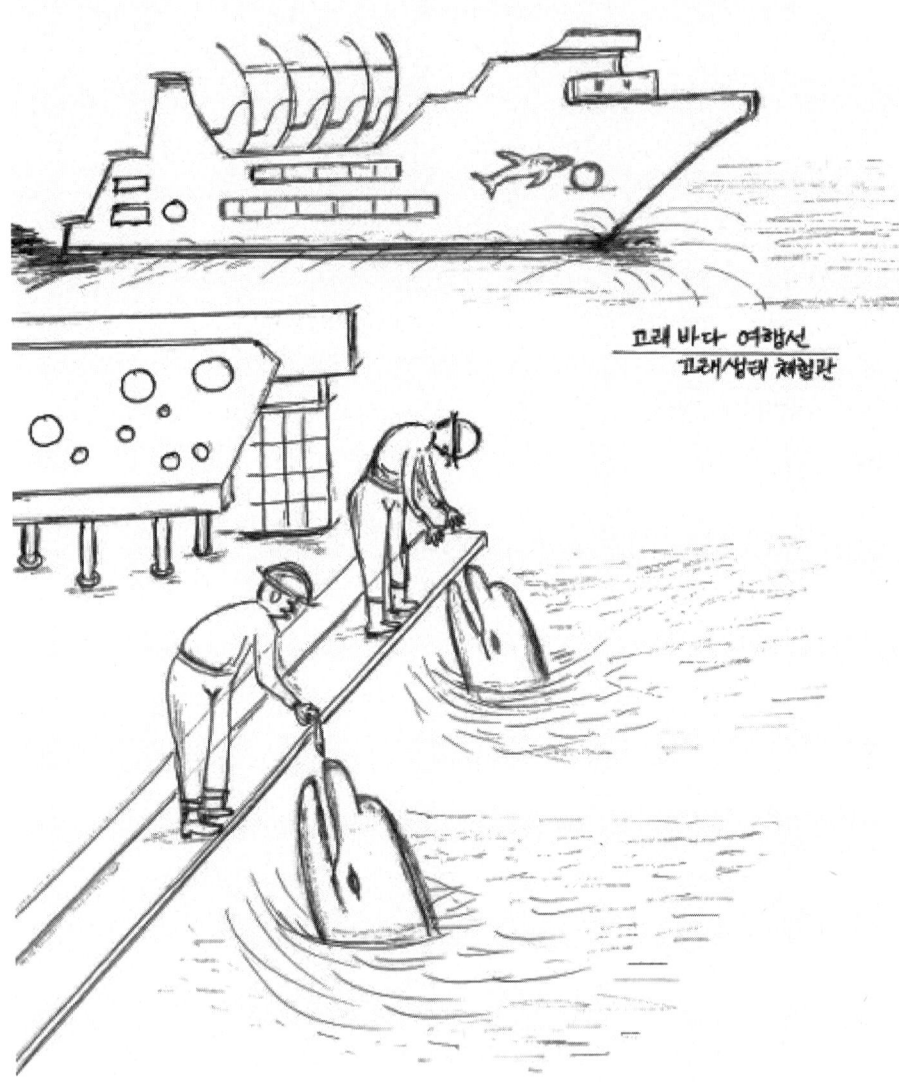

마일, 3시간 간격으로 운영된다. 야간에는 울산 공단의 화려한 야경을 볼 수 있으며 선상에서 공연과 뷔페 등 다양한 프로그램을 이용할 수 있다.

국내 유일한 고래관광특구 속에 장생포 고래바다 여행선 승선장이 있으며 온라인 홈페이지로 관람객을 모집한다. 매년 4월~10월까지 정기 운항하며 화, 수, 목요일은 오후 2시부터 5시, 금요일은 오후 1시부터 4시, 주말은 오전 10시부터 오후 1시, 오후 2시부터 5시까지 운항하고 있다. 월요일은 휴무이며 울산고래축제 등 주요 행사 기간과 휴가철 등 추가 수요가 발생하면 운항 증편 등 탄력적으로 운영하고 있다. 고래바다 여행선은 큰 호응을 얻고 있다. 다음은 고래바다여행선을 타고 가는 모습이다.

[장생포 고래바다 여행선이 출항하던 항구, 바닷바람이 코끝을 간질이며 짭조름한 공기를 전했다. 관광객들은 설레는 마음으로 배에 올랐고, 고요히 넘실대는 바다가 그들을 품에 안았다.

"오늘 돌고래를 만날 가능성이 큽니다. 운이 좋다면 무리 전체가 보일지도 몰라요."

선장의 안내가 스피커를 통해 울려 퍼지자, 사람들의 기대감이 한껏 부풀었다.

배는 파도를 가르며 점점 육지에서 멀어졌다. 푸른 바다 위에서 잠깐의 적막이 흐르던 순간, 갑자기 누군가 외쳤다.

"저기! 무언가 뛰어오르고 있어요!"

모두가 한 방향으로 시선을 돌리자, 수평선 위로 번쩍이는 은빛 물체가 보였다. 돌고래였다. 한 마리가 물 위로 높이 뛰어오르며 햇살을 받아 빛났다. 그 뒤로 또 다른 돌고래들이 연달아 모습을 드러냈다.

"와, 무리예요!"

누군가 감탄하며 소리쳤다. 배가 점점 가까워지자, 돌고래들은 선명하게 보였다. 수십 마리의 돌고래들이 유영하고 있었다. 그들은 마치 배를 반기듯 여행선 주변으로 몰려들었다.

"보세요! 점프해요!"

한 아이가 환호하자, 돌고래 한 마리가 물 위로 우아하게 솟구치더니 다시 물속으로 사라졌다. 그 모습은 마치 예술가의 공연 같았다. 다른 돌고래들은 배를 따라 유유히 헤엄쳤고, 물 위로 코를 내밀며 사람들을 바라보는 듯했다.

"이 돌고래들은 참돌고래로 불리며, 뛰어난 지능과 활발한 성격으로 유명합니다."

선장이 설명하자, 모두가 고개를 끄덕이며 그들의 움직임에 매료되었다.

돌고래들은 파도를 따라 춤을 추듯 유영했다. 선체 옆으로 다가와 물보라를 일으키며 사람들에게 인사를 건네는 듯 보였다. 아이들은 깔깔거리며 웃음을 터뜨렸고, 어른들도 셔터를 누르며 그 순간을 사진으로 담았다.

　잠시 후, 돌고래 무리는 방향을 틀어 먼바다로 나아갔다. 마지막으로 한 마리가 높이 점프하며 커다란 물보라를 일으켰다. 마치 작별 인사를 하는 것 같았다.

　배는 천천히 항구로 돌아가고 있었지만, 사람들의 마음은 여전히 바다 위에 머물러 있었다.

　"오늘 돌고래들이 정말 우리를 환영해 준 것 같아요."

　한 관광객의 말에 모두가 미소 지으며 고개를 끄덕였다.

　돌아오는 길 내내 사람들의 마음에는 생명력 넘치는 돌고래들의 모습이 깊이 새겨져 있었다. 장생포의 바다는 그날의 경험을 통해 또 하나의 잊지 못할 추억을 선사한 듯했다.]

-고래 생태 체험관

　고래 생태체험관은 울산 남구 장생포 해양 공원 내에 있으며 2009년 11월 장생포 고래로 244에 지상 3층 연면적 1,834㎡ 규모로 고래 관련 전통문화 보존과 해양 생태 문화체험의 기반조성을 위해 건립되어 개관하였다.

　이는 우리나라 최초의 돌고래 수족관이며 바닷물고기 수족관과 생태 전시관 및 과거 포경의 생활상이 전시되어있어 장생포의 과거, 현재, 미래를 한눈에 볼 수 있다. 특히 2층에는 어린이들의 오감을 자극하는 실감 영상으로 진동, 바람, 물 등의 영상 속 화면들을 직접 체험할 수 있으며 또 고래를 만날 수 있는 4D 영상관이 운영되고 있다.

고래 생태관 앞에는 장생포 죽도를 배경으로 이곳 출신 가수 윤수일의 노래인 '환상의 섬 노래비'와 고래 바다 울산 선언비, 장생포 타령 시비 그리고 천연기념물 울산 귀신고래 회유 해면의 표지석이 자리하고 있다.

장생포 고래 생태 체험관은 고래와 해양 생태계의 경이로움을 직접 체험하고 배울 수 있는 곳이다. 이 체험관은 고래의 생태적 특징과 해양 환경의 중요성을 알리고자 설계되었으며, 방문객들에게 교육과 흥미를 동시에 제공하는 복합 전시 체험 공간으로 구성되어 있다.

체험관에 들어서면 가장 먼저 눈길을 끄는 것은 고래의 실물 크기를 그대로 재현한 모형과 고래 골격 전시물이다. 이 전시는 고래의 거대한 몸집과 생물학적 구조를 생생히 보여주며, 고래가 어떻게 진화해왔는지부터 그들의 서식지와 이동 경로, 그리고 먹이 사슬에서의 역할까지 이해할 수 있도록 돕는다. 벽면에는 디지털 영상과 인터랙티브 디스플레이가 마련되어 있어, 고래의 생활 방식을 시각적으로 관찰하며 배울 수 있다.

체험관은 고래와 인간의 관계를 조명하는 역사적 전시도 포함하고 있다. 과거 장생포가 포경 산업의 중심지로 기능하던 시절을 되돌아보는 유물과 자료들이 전시되어 있으며, 포경이 경제와 문화에 미친 영향을 이해할 수 있다. 동시에, 오늘날 고래 보호와 연구에 중점을 두고 있음을 알리며, 인간과 자연의 공존 필요성을 전달하는 메시지가 강하게 담겨 있다.

특히, 체험 프로그램은 이 체험관의 핵심적인 매력이다. 방문객들은 고래가 내는 소리를 직접 들어보며 고래의 의사소통 방식을 배우고, 4D 영상관에서 고래가 헤엄치는 모습을 입체적으로 감상하며 가상의 바다 여행을 즐길 수 있다. 이 외에도, 바다 환경을 모의로 체험할 수 있는 활동들이 마련되어 있어, 해양 생태계의 복잡성을 간접적으로 경험하며 환경 보전의 중요성을 자연스럽게 깨닫게 한다.

교육적인 기능도 강력하게 자리 잡고 있다. 체험관은 어린이와 청소년을 대상으로 한 워크숍과 강연을 통해 고래와 해양 환경에 대한 관심을 높이고 있으며, 해양학자와 전문가들이 참여하는 강연과 세미나를 통해 심도 있는 정보와 연구 결과를 공유하기도 한다. 이는 단순한 관광 명소를 넘어, 지속 가능한 환경 보전을 위한 학습의 장으로서의 역할을 수행하게 한다.

체험관 주변에는 고래박물관, 고래바다여행선, 고래문화마을 등이 연계되어 있어, 방문객들은 한곳에서 다양한 고래 관련 경험을 즐길 수 있다. 이러한 연계는 체험관을 중심으로 한 장생포 지역이 고래를 주제로 한 국내 최고의 관광 명소로 자리 잡게 하는 데 크게 기여하고 있다.

고래문화마을과 모노레일 관광객

　고래문화마을은 포경업이 절정에 달했던 1960~70년대 장생포의 동네 풍경을 실물 그대로 복원해놓은 곳이다. 2015년에 조성된 테마 공원으로 이곳에 고래를 잡던 포수와 선장, 선원이 살던 집과 고래 해체장 등 작업공간을 비롯해 학교, 우체국, 이발소, 식당 등 추억이 담긴 23개 건물이 옛 모습 그대로 재현된 공간이다.
　그리고 1911년 한국계 귀신고래를 최초로 국제 사회에 알린 탐험가이자 고고학자인 로이 앤드류스 박사가 머무른 하숙집도 볼 수 있다.
　장생포 고래문화마을은 고래박물관 맞은편 500m쯤 떨어진 곳에 있어 박물관과 함께 들러보면 좋을 듯하다. 고래 문화마을로 들어서면 시계는 50년 전으로 되돌아간다. 지금은 잊힌 모든 것들이 당시 모습으로 다가와 마을을 한 바퀴 돌고 나면 내가 어느 시대에 살고 있는지 모를 정도다. 최근에는 수국정원이 조성되면

서 수국정원 위로 지나가는 모노레일이 더욱 멋진 모습으로 다가왔다. 수국과 모노레일은 잘 어울리는 자매처럼 보이기도 한다. 여행 온 관광객에게는 고마운 이동 수단이며, 여행의 즐거움을 한층 더 느끼게 도와주고 있다.

도보로 이동한다면 울산항만 공사 앞에서 5분 정도 걸으면 고래문화마을 매표소가 기다리고 있다. 고래 문화마을을 돌다 보니 어느 골목에는 귀여운 백구(개)가 돈을 물고 있는 조각상이 보인다. 1970년대 당시 장생포 마을은 포경업이 활성화되면서 마을의 개들도 만 원짜리 지폐를 물고 다닐 정도로 풍성했다는 뜻을 표현한 것이다.

고래 문화마을의 첫 느낌은 영화 세트장 같다. 그곳에 있는 후지필름에서는 흑백사진 촬영이 가능하다. 바로 옆 건물에서는 교복 대여를 하고 있는데 옛날 교복 스타일이며 교복 대여는 1시간에 3,000원이고 교복과 함께 무료로 대여 가능한 액세서리도 준비되어 있다. 액세서리는 모자, 완장, 가방인데 사진 소품으로 좋을 것 같다. 바로 이웃 건물이 허바허바사장 사진관인데 흑백사진으로 추억을 남기고 싶다면 이만한 곳이 없다.

이번에는 좀 크게 보이는 건물이다. 포경선이 잡아 온 고래를 해체하는 고래 해체장이다. 얼른 보아도 10m가 넘어 보이는 고래를 막 해체하려고 하는 광경인데 고래 해부사 3명의 모습이 보인다.

또 고래기름을 짜는 착유장, 그 앞에는 우체국이 있다. 일반우편, 느린 우편을 보낼 수 있고 반대로 긴급하게 보내는 우편도 있다. 우리는 그 옛날 긴급하게 보내는 편지를 '전보 보낸다.'라고 했다. 혹은 '전보 친다.'라고 했다.

우체국에서 나오면 바로 앞에 고래막집이 기다리고 있다. 고래빵 연구소, 추억의 간식을 파는 매점, 다방 등 골목마다 가게마다 옛 생각이 나게 만들어 놓은 고래문화마을 골목, 감성 가득하고 걷기만 해도 구경거리가 많다.

여름날 고급 먹거리였던 아이스케이크 가게 등 또 다른 특색있는 이곳은 포경업을 할 때 사용되었던 물건들도 보였다. 고래가 발견되면 발사하는 작살포 세트와 작살도 있다. 바로 곁에는 이곳을 찾는 관광객에게 친절하게 설명해 주시는 해설사가 있는데 마도로스 흰색 정복을 입고 근무하는 노신사다. 그는 한반도 근해 포경선 포수 출신으로 매 주말이 되면 이곳에 나와 근무하는 해설사 추소식이다.

또 포수의 집이 있는데 들어갈 수 없어도 밖에서 구경은 할 수 있게 해 놓았다. 이곳에는 우물가에서 물을 길어 올리는 체험을 할 수 있는데 우물 앞에는 위장 샘이라는 팻말이 붙어 있다. 끝자락에 학교가 있는데, 그곳에는 매달려 있는 학교종이 있다. 수업 시작과 종료를 알려주던 옛 주물로 만든 종이다.

한반도 포경의 중심기지 옛 장생포, 마을 풍경을 한 바퀴 돌면서 남기고 싶은 추억을 만끽하기에는 너무 좋은 곳, 바로 고래 문화마을이다.

-모노레일

장생포 고래문화특구 내의 모노레일은 이 지역을 대표하는 상징적인 이동 수단이자 관광객들에게 사랑받는 시설물이다. 고래문화특구를 방문하는 이들은 이 모노레일을 통해 편리하게 이동할 수 있을 뿐만 아니라, 지역의 풍경을 새로운 시선으로 감상할 수 있는 특별한 경험을 제공받는다. 모노레일은 장생포 고래박물관에서 시작해 큰 도로를 가로질러 이어지는 경로를 따라 운행되며, 특구 내 주요 명소를 연결하는 역할을 한다.

모노레일의 디자인은 지역의 환경과 조화를 이루도록 설계되어 있다. 단순히 이동 수단에 그치지 않고, 주변 자연 경관과 어우러져 하나의 그림 같은 풍경을 완성한다. 특히 모노레일이 고래박물관에서 도로를 횡단해 이어지는 장면은 이곳의 아이코닉한 모습 중 하나로 꼽힌다. 모노레일을 타고 이동하며 창밖으로 펼쳐지는 풍경은 장생포의 매력을 더욱 배가시킨다.

모노레일의 경로 중 가장 아름다운 구간 중 하나는 약간의 언덕을 넘어 수국밭 위를 지나가는 구간이다. 이곳은 수국이 계절별로 다채롭게 피어나는 장관을 자랑하며, 특히 6월에는 수국이 만

개해 하얀색, 분홍색, 보라색 등 형형색색의 꽃송이들이 언덕을 수놓는다. 활짝 핀 수국 군락은 마치 액자 속 그림처럼 아름다워 관광객들에게 잊지 못할 추억을 선사한다. 모노레일이 이 꽃밭 위를 지나며 멀리 울산만의 푸른 바다가 한눈에 들어오는 풍경은 그야말로 절경이다. 이 풍경은 장생포가 과거 국내 최대의 포경 항구였음을 떠올리게 하며, 오늘날 자연과 관광이 어우러진 모습으로 재탄생했음을 상징적으로 보여준다.

모노레일은 이동의 편리함을 넘어 장생포의 역사를 이야기하고, 현재와 과거를 연결하는 다리 역할을 한다. 한때 포경선들이 분주히 오가던 울산만의 풍경을 바라보며, 관광객들은 과거 포경 산업의 중심지였던 장생포가 이제는 고래와 해양 문화를 테마로 한 관광 명소로 변모했음을 체감할 수 있다.

또한, 모노레일은 지역 경제 활성화와 관광객 편의 증진에도 기여하고 있다. 가족 단위의 관광객들에게는 어린아이와 노약자도 쉽게 이동할 수 있는 안전하고 편리한 교통수단으로 사랑받고 있으며, 지역 주민들에게는 장생포가 가진 독특한 매력을 알리는 중요한 매개체가 되고 있다.

모노레일은 장생포의 풍경과 완벽하게 어울리는 동시에, 이곳을 방문하는 관광객들에게 특별한 추억을 선사한다. 만약 이 모노레일이 없다면, 장생포는 지금의 매력을 조금 잃게 될 것처럼 느껴질 만큼, 모노레일은 이 지역의 핵심적인 요소로 자리 잡고 있다. 앞으로도 이 모노레일이 안전하게 운영되며, 더욱 많은 이들에게 장생포의 아름다움과 가치를 전하는 매개체로 남기를 희망한다.

장생포 고래축제와 고래문화재단

-고래와 함께하는 문화와 감동의 축제

 울산 고래축제는 대한민국 유일의 고래를 주제로 한 축제로, 과거 한반도 근대포경의 중심지였던 울산 장생포를 배경으로 1995년 시작해 매년 개최되고 있다. 축제는 장생포 고래문화특구를 중심으로 4일간 진행되며, 목요일 개막식을 시작으로 일요일 폐막까지 다양한 프로그램과 체험이 이어진다. 이 축제는 고래문화특구 내의 여러 시설과 연계해 일관성 있는 스토리텔링으로 관광객들에게 재미와 감동을 선사하며, 해마다 더 많은 볼거리와 체험을 제공하며 발전하고 있다.

 2023년 제27회 울산 고래축제는 장생포에서 진행되었으며, 시민들이 함께 만들어가는 참여형 축제로 꾸며졌다. 축제는 장생포의 역사와 고래 문화를 담아낸 다양한 프로그램으로 구성되었다. 고래

고래 축제 퍼레이드

거리 퍼레이드는 축제의 하이라이트로, 폐막 하루 전인 토요일 오후 5시에 시작되었다. 행진은 밴드 그룹의 활기찬 음악과 함께 시작되었으며, 화려한 고래 플로트카와 외국인 퍼포머들의 참여로 다채로운 볼거리를 선사했다. 이 외에도 전국 청소년 댄스 경연대회, 인기가수 공연, 해양 경찰 구조정의 물대포 쇼 등 다양한 행사들이 진행되어 모든 세대가 함께 즐길 수 있는 축제의 장이 되었다.

개막식은 장생포 야구장에서 열리며, 대형 LED 화면과 화려한 불꽃 쇼로 관객들의 시선을 사로잡았다. 이와 함께 열린 음악회, 가족 뮤지컬, 고래 가요제 등 모든 세대가 즐길 수 있는 다양한 문화 프로그램이 준비되었다. 특히 장생포차는 밤바다를 배경으로 다양한 먹거리를 제공하며, 장생포의 야경을 포토존으로 만들어 축제의 낭만을 더했다.

장생포 고래문화특구의 주요 시설들은 축제의 주제를 풍성하게 만들었다. 고래박물관에서는 국내 유일의 실물 고래골격과 포경 역사를 통해 장생포의 과거를 체험할 수 있었고, 생태체험관에서는 고래와 해양 생태계를 더 깊이 이해할 수 있는 프로그램이 진행되었다. 또한 모노레일은 수국이 만개한 언덕과 푸른 울산만을 배경으로 한 그림 같은 풍경을 제공하며, 축제의 이동과 체험의 재미를 더했다.

축제는 다양한 공간에서 각각의 테마를 살려 진행되었다. 고래광장에서는 가족 단위의 참여형 프로그램과 체험 이벤트가 열렸고, 장생포 문화창고에서는 고래를 주제로 한 미디어아트와 전시가 마련되었다. 바다 여행선은 고래를 직접 찾아 나서는 특별한 체험을 제공하며 관광객들에게 큰 인기를 끌었다.

울산 고래축제는 장생포의 과거와 현재를 이어주는 상징적인 행사로, 포경 산업의 중심지였던 이곳이 고래 문화를 주제로 새로운 도약을 이뤄가는 모습을 보여준다. 특히, 2022년 이후 연간 100만 명 이상의 관광객이 방문하며, 축제는 한국 관광 100선에 선정되는 쾌거를 이루었다.

축제를 계기로 장생포는 고래 문화를 통해 울산의 역사와 정체성을 알리고, 전통과 현대를 연결하는 독창적인 관광 명소로 자리 잡았다. 울산 고래축제는 장생포와 고래 문화를 기념하며 매년 새로운 모습을 선보이는 발전적인 축제로, 앞으로도 국내외 관광객들에게 특별한 감동과 추억을 선사하는 글로벌 축제로 자리매김하길 기대한다.

-고래문화재단, 장생포의 문화와 미래를 잇는 중심축

  고래문화재단은 울산 장생포를 중심으로 고래와 관련된 역사와 문화를 보존하고, 이를 기반으로 한 다양한 문화 콘텐츠를 개발하기 위해 설립된 기관이다. 울산 장생포는 과거 한반도 근대 포경의 중심지로, 고래잡이의 역사적 흔적이 깊이 남아 있는 지역이다. 고래문화재단은 이러한 지역적 특성을 활용하여 고래 문화를 현대적으로 재해석하고, 관광객들에게 독특하고 흥미로운 경험을 제공하고자 다양한 사업을 운영하고 있다.

  재단의 주요 역할은 크게 세 가지로 나눌 수 있다. 첫째, 고래 문화를 알리고 보존하는 것이다. 고래잡이의 역사와 전통을 재조명하고, 이를 다양한 전시와 공연, 체험 프로그램으로 연결시켜 방문객들에게 선보이고 있다. 특히 고래박물관과 고래생태체험관은 고래의 생태와 역사를 배우고 느낄 수 있는 대표적인 공간으로 자리 잡았다. 이들 시설은 실물 고래골격, 고래잡이 도구, 고래 모형 등을 통해 고래잡이 문화의 생생한 이야기를 전달하고 있다.

  둘째, 관광 콘텐츠의 활성화이다. 고래문화재단은 장생포를 찾는 관광객들을 위해 다양한 체험형 프로그램을 기획하고 있다. 예를 들어, 고래바다여행선은 울산 앞바다를 항해하며 실제 고래를 관찰하거나 고래잡이의 흔적을 따라가는 특별한 여행 경험을 제공한다. 이 외에도 고래문화마을에서는 고래를 주제로 한 다양한 전시와 체험이 마련되어 있어 가족 단위 관광객들에게 큰 호응을 얻고 있다.

셋째, 지역 축제와 행사 기획이다. 재단은 매년 울산 고래축제를 주관하며, 축제를 통해 지역 주민과 관광객이 함께 즐길 수 있는 다양한 프로그램을 제공한다. 고래 거리 퍼레이드, 공연, 체험 행사 등으로 구성된 이 축제는 고래 문화를 알리는 동시에 지역 경제를 활성화하는 데 중요한 역할을 하고 있다.

이와 더불어 재단은 환경 보전의 중요성을 강조하며 고래와 바다 생태계를 보호하기 위한 캠페인과 연구 활동도 진행하고 있다. 이를 통해 지속 가능한 관광 모델을 추구하며, 고래와 자연, 인간이 조화를 이루는 이상적인 미래를 설계하고 있다.

고래문화재단은 울산 장생포를 과거와 현재, 그리고 미래를 잇는 특별한 장소로 만드는 데 핵심적인 역할을 하고 있다. 고래를 중심으로 한 지역 문화와 관광이 결합되어 장생포는 국내외적으로 주목받는 명소로 자리 잡았으며, 앞으로도 고래문화를 기반으로 더욱 성장할 것으로 기대된다.

고래문화특구와 퇴역 울산함

　울산 장생포는 전 지역이 고래문화특구다. 동해안을 따라 위쪽은 포항 아래쪽은 부산이고 맞닿은 곳이 바로 울산이다. 울산은 사실 산업기지로 더 유명하지만 한반도에서 고래의 고장으로 손꼽힌다.
　'한반도에서 고래를 보고 싶으면 울산으로 가자'라는 말이 있을 만큼 장생포는 고래문화특구다. 여기를 봐도 저기를 봐도 어디를 보아도 고래가 가득하다. 영상으로만 보던 고래가 금방이라도 고개를 내밀면서 다가오는 것 같은 느낌이 든다.
　장생포항을 따라 늘어선 공업단지들이 바다 여행선을 환영한다. 출항하는 고래바다여행선에 이번에도 꼭 고래를 보고 돌아오라고 손짓까지 해준다.
　포유류로 알려진 고래는 원래 육지에 살았다. 진화를 거듭하면서 바다에 터를 잡았다. 뭍에서 물로 들어오면서 몸집이 더 커진 고래, 고래를 해면에서 볼 수 있는 건 고래가 물 밖으로 숨을 쉬러 나오기 때문이다.

　울산 남구청은 장생포 고래문화특구의 관광 활성화를 위해 퇴역한 울산함을 해군으로부터 무상으로 대여받아 울산 남구 장생포 고래로 244(매암동 139-29)번지에 전시하고 있다. 해상에 정박시키면 태풍이 오거나 높은 파도가 칠 때 관리하는데 어려움이 따른다. 실제 울산함과 비슷한 강원함의 경우 경남 창원해양공원에 전시되어있는데 정박이 되어있다 보니 도색 비용 등이 주기적으로 발생하는 것으로 알려졌다.
　이에 울산 남구는 울산함 전시를 위한 선체 수리 및 도색작업(2016년 6월 21~7월 13일)을 경남 통영 조선소에서 완료하고 배를 인양해 울산항으로 이동시켰다. 울산함을 육상으로 인양하는 데는 1,200t급 해상 크레인 2대가 동원 되었으며 계획된 위치에 정확히 놓였다. 우리나라 최초의 전투함인 울산함은 1980년 국내 기술만으로 설계해 현대중공업이 건조한 대한민국 국산 1호 전투함이다. 1981년부터 2014년 34년간 수많은 훈련과 작전 임무를 수행하고 2014년 12월에 퇴역했다.
　길이 102m, 폭 12.5m, 높이 28m 총 무게가 1,932t에 달한다. 그리고 76m/m 함포, 30m/m 쌍열포와 대함 미사일, 자동사격통제장치, 음탐기 등의 장비를 탑재해 대함, 대공, 대잠전을 동시에

수행했던 함대이다.

특히 가스터빈 2대와 디젤 엔진 2대를 장착해 최고 36노트(63km/h)로 고속 기동할 수 있어 당시 우리나라 방산산업 기술이 집약된 전투함으로 평가되었다.

울산함이 진수되기 전까지 국내에서 건조된 전투함정은 무게가 200t에 못 미치고 길이가 37m에 불과한 고속정 정도였다. 이러한 일련의 과정을 거쳐 고래문화특구 내 고래생태체험관 건물 뒤에 2017년 4월부터 전시하고 있다.

울산함은 외부에서 보아도 규모가 있는데 직접 탑승하면 더욱 그 위용을 느낄 수가 있다. 지하 1층에서 지상 4층까지 해군이 실제 생활했던 모습 그대로 살펴볼 수 있는데 계단이 조금 가파른 편이라 주의해야만 안전하게 둘러볼 수 있다. 지하 1층에는 침실과 의무실이 있다. 좁은 침대는 해군 장병들의 고생과 노고가 많았음을 보여주고 있다. 부사관실을 지나가면 액자에 담긴 해군 장병 사진 모습도 볼 수 있다. 조금 답답한 내부공간을 지나 바깥 공간으로 이동하면 실내와는 대조적으로 탁 트인 장생포 바다와 시원한 바람이 가슴을 뻥 뚫리게 해준다.

앞쪽에는 배 앞머리 함수가 높게 보인다. 다시 2층 함장실로 가면 함장이 생활했던 공간이 있는데 역대 함장의 사진이 걸려 있다.

전투정보실, 3층 통신실, 4층 조타실 등은 실제 공간이다. 수많은 버튼 레이더를 보며 살짝 눌러 볼 수도 있다. 또다시 밖으로 나오면 울산함 갑판 위에 무기들이 있다. 미사일, 그리고 76m/m 함포가 정 중앙에 버티고 있다. 그리고 30m/m 쌍열포도 있다. 상관의 명령을 받아 발포 직전 정신 무장과 임전무퇴를 다짐하는 해군이 떠오른다. 대한민국 해군 파이팅이라고 외쳐주고 싶다. 잠시나마 옷매무새를 다듬어 보니 어느새 출구에 도착했다. 퇴역한 울산함, 비록 노장이 되어 퇴장했지만 34년간 우리의 영해를 지킨 전투함으로 역사적 가치가 있으며 자라나는 청소년들에게 호국정신을 함양시키는 교육 현장이 될 것이다.

포경선 추 포수와 필자
"참고래는 아무리 적어도 40자(12m)는 되었다. 포수들은 밍크고래보다 참고래 잡이가 더 힘들다고 했다. 참고래는 힘이 좋고 빨리 움직이기 때문에 작살포 조준하기가 힘들 수밖에 없었다."

끝맺는 말

한반도의 포경선에 포경포가 멈춘 지 어느덧 40여 년이 흘렀다. 과거 동해와 서남해 곳곳에는 여러 포경기지가 자리 잡고 있었으나, 그중에서도 대표적인 기지는 울산의 장생포와 방어진이었다. 고래잡이로 떠들썩했던 장생포의 활기찬 모습도, 방어진항으로 들어오던 포경선의 힘찬 고동소리도 이제는 추억 속에 묻혀 있다.

그 대신 울산의 항구에는 수많은 공장이 들어섰고, 하늘 높이 솟은 굴뚝에서 쉼 없이 연기가 피어오르는 모습만이 남아 있다. 또한, 동구 방어진은 지금 세계 굴지의 조선소 두 곳이 자리 잡은 산업 중심지로 탈바꿈했다.

한반도 포경의 지난 시절은 고난의 역사이자 영광의 역사였다. 1970년대 고래잡이가 전성기를 이루던 시기, 장생포는 20여 척의 포경선과 1만여 명의 인구가 상주하는 대규모 마을로 성장했다. 당시 장생포의 경제는 고래잡이를 중심으로 돌아갔다. 한반도 근대 포경의 중심지였던 이곳은 고래잡이 선원들과 관련 산업 종사자들로 붐비며 활기를 띠었다. 당시 고래는 단순한 생물이 아니라 장생포 경제를 지탱하는 중요한 자원이었다. 포경선이 항구를 떠날 때마다 사람들은 고래를 잡아 올려 생계를 꾸렸고, 고래에서 얻는 고기, 기름, 뼈 등은 지역 경제의 주요 수익원이 되었다. 고래잡이로 인한 경제적 효과는 단순히 선원들에게 그치지 않고, 고래고기를 가공하거나 판매하는 업소, 포경 산업과 관련된 장비 제작업체 등 지역 전체로 확산되었다.

그러나 1986년 국제적으로 상업 포경이 금지되면서 장생포의 포경 산업은 종말을 맞이했다. 고래잡이로 활기를 띠던 항구는 점차 조용해졌고, 장생포는 경제적으로 어려운 시기를 겪었다. 그러나 지역 사회는 이를 위기로만 보지 않고 기회로 삼았다. 고래를 직접 잡는 대신, 고래와 관련된 문화를 콘텐츠로 재탄생시켜 관광산업을 발전시키기 시작한 것이다.

현재 장생포는 고래를 보호하면서도 지역 경제를 활성화하는 독특한 모델을 구축했다. 고래박물관, 고래생태체험관, 고래바다여행선 등 다양한 고래문화 콘텐츠는 과거 고래잡이의 역사를 현대적으로 재해석하여 관광객들에게 독특한 경험을 제공한다. 연간 백만 명이 넘는 관광객이 장생포를 찾으면서 지역 경제는 다시금 활력을 되찾았다. 관광객들은 고래문화특구 내 식당과 카페, 기념품 상점 등에서 소비를 하며 지역 경제에 기여하고 있다. 또한, 울산 고래축제와 같은 대규모 문화 행사는 방문객을 유치하고 지역 주민들에게 일자리를 제공하며, 장생포를 전국적인 관광 명소로 자리 잡게 만들었다.

비록 과거와 현재의 수익을 직접 비교한 통계는 없지만, 현재 고래문화 콘텐츠를 통한 경제적 효과는 과거 고래잡이로 얻은 수익을 뛰어넘을 가능성이 크다. 무엇보다도 고래잡이는 한정된 자원을 지속적으로 소모하는 방식이었지만, 현재의 고래문화 콘텐츠는 고래를 보호하면서도 지속 가능한 발전을 도모하고 있다. 고래를 단순히 경제적 자원으로 소비하는 것을 넘어, 자연과 인간의 공존을 모색하는 이 모델은 세계적으로도 주목받을 만한 성공 사례로 평가될 수 있다.

결론적으로, 과거 고래가 장생포를 먹여 살렸다면, 현재는 고래문화 콘텐츠가 장생포를 먹여 살리고 있다. 이 과정은 단순히 산업의 변화가 아니라, 자연 보호와 지역 경제 활성화를 동시에 이루는 지속 가능한 발전의 모범 사례로 자리 잡았다. 장생포의 변화는 단순히 지역 경제를 살리는 데 그치지 않고, 자연과 인간이 조화를 이루며 함께 나아갈 수 있는 방향을 제시하는 귀중한 본보기가 되고 있다.

현재 장생포는 고래문화특구가 되었고 우리나라뿐만 아닌 해외 관광객도 울산 장생포를 점점 많이 찾고 있다. 아는 만큼 보이는 법이다. 장생포를 찾기 전에 이 책을 읽고 온다면 고래와 장생포에 대해 더 많이, 더 깊게 이해할 수 있을 것이다.

그 시대를 기록하는 일은 그 시대를 살아간 누군가가 반드시 해야 할 의무이다. 울산 장생포 고래문화특구를 찾는 관광객들에게도 현재의 모습뿐 아니라, 과거의 모습까지도 보여줄 수 있다면 그 의미는 더욱 깊어질 것이다. 역사를 공부하고 연구하는 전문가는 아니지만, 포경역사 이야기를 바쁘게 살아가는 현대인들에게 전하고자 한다.

  이 책이 한반도의 고래 문화 발전에 작은 보탬이 되기를 바란다. 사라져가는 과거를 기억하며, 그 시절의 영광과 고난을 다시금 되새길 수 있는 계기가 되었으면 한다.

2025. 6.

김 광 열

김광열 글.그림
고래의 바다 한반도, 포경의 역사

인쇄 2025년 6월 23일
발행 2025년 6월 27일

지은이 김광열
기획 울산이야기숲
발행인 서정환
펴낸곳 신아출판사
주소 전북 전주시 완산구 공북 1길 16(태평동)
전화 (063) 275-4000
팩스 (063) 274-3131
이메일 sina321@hanmail.net
출판등록 제465-1984-000004호
인쇄·제본 신아문예사

저작권자 ⓒ 2025, 김광열
이 책의 저작권은 저자에게 있습니다. 서면에 의한 저자의 허락없이 내용의 일부를
인용하거나 발췌하는 것을 금합니다.
COPYRIGHT ⓒ 2025, by Kim Gwangyeol
All right reserved including the rights of reproduction in whole or in part in any
form.
저자와 협의, 인지는 생략합니다.
잘못된 책은 바꿔 드립니다.

ISBN 979-11-94595-70-0 03810
값 20,000원